KURDISH
(SORANI)
ROMANIZED
Sorani–English
English–Sorani
Dictionary
& Phrasebook

compiled by
Nicholas Awde

T0275525

HIPPOCRENE BOOKS INC
New York

Typeset & designed by Desert♥Hearts

ISBN: 978-0-7818-1245-0

For information, address:
HIPPOCRENE BOOKS, INC.
171 Madison Avenue
New York, NY 10016
www.hippocrenebooks.com

Printed in the United States of America

CONTENTS

- A Kurdish person is a **Kûrd** (*plural* = **Kûrdan**)
- The adjective for Kurdish is **Kûrdî**.
- Kurds call themselves **Kûrd**, "the Kurds".
- Kurdistan is **Kûrdistan**.
- The Kurdish language is **Kûrdî**.
- The Sorani Kurdish language is **Soranî** or **Kûrdî**.

INTRODUCTION

Often called the largest people without a nation of their own, the Kurds have their homeland in the mountainous region of Kurdistan, which presently lies across the countries of Turkey, Iran, Iraq, Syria, and the Caucasian republics of Armenia, Georgia and Azerbaijan. There is also a large diaspora of Kurds, which is especially prominent in Europe. In all there are up to 40 million speakers of the Kurdish languages worldwide:

Northern Kurdish, called **Kurmanji** (or Kurmanci), which is spoken in Turkey (where the majority of speakers reside), Iran, Syria and northern Iraq, as well as the Caucasus nations (especially Armenia) – there are more than 18 million speakers worldwide. Kurmanji is called "Badinani" (also Bahdini, Behdini or Bandinani) by many Sorani speakers.

Central Kurdish, called **Sorani** (also Kurdi), which is spoken in Iraq and Iran – up to 15 million speakers worldwide. Speakers in Iraq are spread across the Suleymani, Kirkuk, Arbil, and Ruwanduz regions, while in Iran they are found in the area between Lake Rezaiye and Kermanshah.

Southern Kurdish, called **Kermanshani** (Kermanshahi) or Gorani, which is spoken in Iran – more than three million speakers.

There are also two other languages, which are clearly related but are considered by many to be distinct from Kurdish:

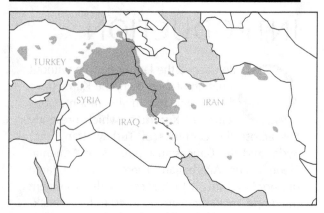

Kurds in the Middle East today

Dimili, also called Zaza or Zazaki, which is spoken in Turkey – three million speakers.

Hawrami, also called Gorani (not to be confused with Kermanshani above), which is spoken in Iran and Iraq – 50,000 speakers.

Although geographically separated, these last two languages are closely related since they are the descendants on the opposite edges of what used to be a continuous larger language group that linked them and which mostly disappeared under the more recent appearance in the region of dominant Turkic languages.

All of the above can be called dialects but in reailty they are distinct languages. The single term "Kurdish" may be used for all the languages since they share so much linguistically and culturally. Note that there are other names and classifications for these languages. A quick glance at the map on the opposite page, however, should make all this instantly understandable! Note also that there are many more people who identify themselves as Kurds even though they do not speak Kurdish.

The majority of Kurds are Sunni Muslims while there are also large numbers of Shia Muslims who live in Iran and central Iraq. In Turkey there are also large numbers of Kurdish Alevis, who practise a religion that shares local customs with a spiritual yet practical interpretation of Islam.

Another large group is formed by the Yazidis, who have traditionally lived in Iraq and the Caucasus and number around half a million. Their religion is a syncretistic one, i.e. mixing different beliefs, from the Zoroastrian religion of "fire-worshipping" Ancient Persia to early Islamic Sufism. There are also approximately 160,000 Kurdish Jews and a number of Kurdish Eastern Christians.

■ For further information, see Bennett & Bloom's forthcoming *Kurmanji Phrasebook* and *Zazaki (Dimli) Phrasebook*, as well as *The Iraqis: People, History and Culture* (www.bennettandbloom.com).

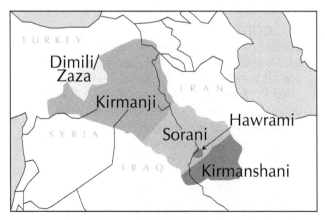

The original spread of the Kurdish language area

A VERY BASIC GRAMMAR

The Kurdish language Sorani belongs to the Indo-Iranian branch of the Indo-European family of languages. Its closest relatives are the other Kurdish languages such as Kurmanji (see page 5 for more details). Other members of the Indo-European family include Farsi (Persian), Pashto, and, more distantly, Greek, Albanian, English, German, French, Italian, and Spanish. Sorani is written in Perso-Arabic script (see page 20). It is also written in Roman script, which is used in this book. Note that, like English, Kurdish as a spoken language has a wide range of variations in pronunciation that are not always reflected in the written language. Most of the language in this book, however, is deliberately close to the written form thus enabling you to be understood clearly wherever you may be.

—Script

Sorani mainly uses the Perso-Arabic script but it also can be written in the Roman script favoured for all Kurdish languages and which is already used by Kurmanji speakers. We have used the official Sorani form of the Roman script in this book for ease of use and comprehension. For the Perso-Arabic script, see the key on page 20. On a historical note, the first modern Roman-based alphabet was created in 1931 by the Turkish-born poet and writer Jaladat Ali Badirkhan. The Cyrillic script is still used by Kurmanji speakers in the countries of the Caucasus.

a – father, e – man, ê – pay, u – put, û – shoot

—Structure

In Kurdish word order, the verb is usually put at the end of the sentence, e.g.

Em kebabe zor belezet-e.
"This kebab is very tasty"
(literally: "This kebab very tasty-is")

—Nouns

Quite often the meanings of "a/an" and "the" are generally understood from the context, e.g. **ûtumbel** can mean "the car," "a car" or just simply "car". To express "a/an" in Kurdish, you can add **-ek**, e.g. **ûtumbelek** "a car", and to say "the" you add **-eke**, e.g. **ûtumbeleke** "the car".

Nouns form their plural by simply adding **-an** or **-yan**, e.g. **jin** "woman" → **jinan** "women," **rrojname** "newspaper" → **rrojnameyan** "newspapers", **ûtumbelan** "cars". To say "the" with plural nouns, you add the combination **-ekan/-yekan**, e.g. **ûtumbelekan** "the cars".

There are some irregular plurals — analogous to examples in English like "man/men" or "child/children", e.g. **dê** "village" → **dêhat** "villages".

The genitive is formed using **-î/-y**, called the **izafe**, e.g. **ûtumbelî pyaw** "the car of the man" or "the man's car," **nexşey Slêmanî** "a map of Sulemaniya", **nanî beyanî** "breakfast" (literally: "bread of morning"). For more on genitive constructions, see the sections that follow on adjectives and possessives.

—Adjectives

These generally come after the noun and use the "izafe" **-î/-y** as a connector, e.g.

"new" **taze** — **ûtumbelî taze** "new car"
"old" **kon** — **ûtumbelî kon** "old car"

c – jam, ç – church, j – leisure, ş – shut, x – loch, xh – gh

Some other basic adjectives are:

open **krawe**	quick **xêra**
shut **daxrawe**	slow **hêwaş**
cheap **herzan**	big **gewre**
expensive **gran**	small **biçûk**
hot **gerim**	old **pîr; kon***
cold **sard**	young **genc**
near **nzîk**	good **baş**
far **dûr**	bad **xrap**

Adding **be-** ("with") to an existing noun is also used to create adjectives, while adding **bê-** gives the meaning of "without" or "-less", e.g. **kellk** "use, benefit" → **be kellk** "useful" (= "with use"), **bê kellk** "useless" (= "without use"), **quwet** "strength" → **be quwet** "strong" (= "with strength"), **bê quwet** "weak" (= "without strength").

Most adjectives add **-tir** for "-er", e.g. **gewre** "big" → **gewretir** "bigger", **gerim** "hot" → **gerimtir** "hotter", **zor** "much" → **ziyatir** "more". You can also add **-tirîn** for "-est", e.g. **gewretirîn** "biggest", **gerimtirîn** "hottest", **ziyatirîn** "most".

—Adverbs
Most adverbs have a single form that does not change. Some examples:

here **êre**	up **serrwew**
there **ewê**	down **pâyin**
well **khoş; khêr**	now **êsta**
badly **xrap**	tomorrow **sbeynê**
easily **be asanî**	today **emrro**

—Prepositions
Prepositions are extremely flexible in meaning and use, and the verb also carries prepositional mean-

* **Pîr** is used for people, **kon** for things.

a – father, e – man, ê – pay, u – put, û – shoot

ings – see page 12. Some prepositions are in fact
"circumpositions", meaning that they have parts
that come before and after the word:

ba/pê to; with; by **lebin** beside
bapêy according to **ledem...da** behind
berewî...da towards **legell...da** together with
bo for **leser** on top of
de/tê on; in **nêwan** between
le...de in **paş** after
le...ewe from **pêş** in front of
leber...ewe because of **wek** like

e.g. **le** Kûrdistane "in Iran", **le em wextede** "at
this time".

— Pronouns
Basic forms are as follows:

SINGULAR	PLURAL
I **min**	we **ême**
you **to**	you **êwe**
he/she/it **ew**	they **ewan**

Use **êwe** as the formal form of "you" for anyone
you don't know well or who is older or more sen-
ior.

Possessive pronouns are:

SINGULAR	PLURAL
my **-ekem**	our **-ekeman**
your **-eket**	your **-eketan**
his/her/its **-ekey**	their **-ekeyan**

e.g. **ûtumbelekem** my car
ûtumbelekey his/her/its car
ûtumbelekeman our car

A small number of words add the simpler forms
of **-im, -i(t), -î, -man, -tan, -yan**, e.g. **bawkim** "my

c – *j*am, ç – *ch*urch, j – lei*s*ure, ş – *sh*ut, x – lo*ch*, xh – *gh*

father", **daykim** "my mother". These forms are also used as object pronouns, see page 13, and in expressions such as: **hemuman** "all of us," and **hiçyan** "none of them."

Simple demonstratives are:

this **eme**	these **emane**
that **ewe**	those **ewane**

When these are used to modify a noun, you put the noun into the 'middle' of the demonstrative and use the singular form whether the noun is singular or plural, e.g. **em pyawe** "this man", **em pyawane** "these men", **ew jine** "that woman", **ew jinane** "those women".

—Verbs

Verbs are very easy to form, adding a number of prefixes and suffixes to the basic verb form. In fact the concept underlying the structure of Kurdish verbs is similar to those of the majority of European languages and its system of regularities and irregularities will soon appear quite familiar.

Every Kurdish verb has a basic form that carries a basic meaning. To the end of this are added smaller words or single vowels that add further information to tell you who's doing what and how and when, e.g.

> **zan** "knew"
> **zanin** "to know *something*"
> **ezanim** "I know"
> **nazanim** "I don't know"
> **zanume** "I have known"
> **zanibum** "I had known"
> **bizanim** "I should know"
> **bimzanaye** "I might know"

In much the same way as English creates composite

a – father, **e** – man, **ê** – pay, **u** – put, **û** – shoot verbs with different meanings such as "*up*grade/ *down*grade", "*over*turn/turn *over*" or "set *down*/set *up*", the Kurdish verb can be expanded by adding prefixes and suffixes, such as **de** "down", **hêll** "up", **pe** "to", **wêr** "from", or **-ewe** "again", **-e** "to". Note the very common **de-** or **e-** added to the front of verbs in the present. Some verbs, similar to European languages, have different stems for different tenses, e.g. **hatin** "to come" → **yêm** "I come"; **hêbun** "to have" → **hêmê** "I have".

We saw the independent personal pronouns above, but these are only used for emphasis. Like French or Spanish, the verb already gives this information:

SINGULAR	PLURAL
I **-im/-m**	we **-în**
you **-î(t)**	you **-in/-n**
he/she/it **-e(t)/-a(t)**	they **-in/-n**

e.g.   nûsîn "to write"

denûsim I write	**denûsîn** we write
denûsît you write	**denûsin** you write
denûse he/she/it writes	**denûsin** they write

These can also be freely used with nouns and adjectives, e.g. **kûrdim** "I am Kurdish", **lêrem** "I am here". Object pronouns are also similar and can be placed in the verb itself:

bînîn "to see" (note that **de-** is a verb prefix)
  dembîne he will see me
  detbîne he will see you
  deybîne he will see it
  demanbîne he will see us
  detanbîne he will see you
  deyanbîne he will see them

c – *j*am, ç – *ch*urch, j – lei*s*ure, ş – *sh*ut, x – lo*ch*, xh – *gh*

You'll also find them attached to other parts of the sentence depending on the structure of the verb and the tense, e.g.

Derga̱m bo bkenewe.
"Open the door for me."
(Literally: "Door-me for open-you.")
Zor teşekkurî̱t ekem.
"I thank you very much."
(Literally: "Much thanks-you lead-I.")
Tinu̱me. Bîrsu̱te.
"I'm thirsty." "You're hungry."
(Literally: "Thirst-me-is." "hunger-you-is.")
Kitêbim kîrri. "I bought a book."
(Literally: "Book-I bought.")
Hiç kitêbit kïrri. "Did you buy any books."
(Literally: "Any book-you buy?")
Çayan xwardewê. "They drank tea."
(Literally: "Tea-they drank")

"Not" is **na/ne/me**, which can sometimes appear inside the verb itself, e.g. **pyasem kïrd** "I took a walk" → **pyasem ne̱kïrd** "I didn't take a walk"; **têdegem** "I understand" → **tê̱nagem** "I don't understand"; **denûsim** "I write" → **nenûsim** "I don't write"; **boste!** "stop!" (= "be-stop!") → **me̱weste!** "don't stop!" ("= "not-stop!")

— Essential verbs

The verb "to be" is expressed in a variety of ways. The most common form you will find is the simple series of present endings for **bun** (note this is an 'irregular' verb and so has different forms):

SINGULAR	PLURAL
hem I am	**heyn** we are
heyt you are	**hen** you are
heye he/she/it is	**hen** they are

a – father, **e** – man, **ê** – pay, **u** – put, **û** – shoot

As already mentioned on page 23, "to be" can also be expressed in a similar way to English (e.g. "I'm" for "I am", "she's" for "she is"), using the **-m**, etc, forms.

The negative forms are:

SINGULAR	PLURAL
nim I'm not	**nin** we aren't
nit you aren't	**nin** you aren't
niye he/she/it isn't	**nin** they aren't

Past tense:

bûm I was	**bûyn** we were
bûyt you were	**bûn** you were
bû he/she/it was	**bûn** they were

There is no equivalent in Kurdish to the English verb "to have". Instead this is usually formed with **heye** "there is/are" and past **hebu** "there was/were":

ûtumbeleman heye "we have a car"
(literally: "car-our there-is")
Paret heye. "You have money."
("money-your there-is")
Pirsyarêkim heye. "I have a question."
("question-my there-is")
Pirsyarêkim hebu. "I had a question.
("question-my there-was")

Negative forms are **niye** "there is/are not" and **nebu** "there was/were not".

This way of expressing "to have" may take some getting used to, but it will be familiar to those who already know Turkish, Russian or Arabic – and note that Spanish and French can also do this.

---

c – *j*am, ç – *ch*urch, j – lei*s*ure, ş – *sh*ut, x – lo*ch*, xh – *gh*

—**wîstin** "to want":

SINGULAR	PLURAL
demewê I want	**demenewê** we want
detewê you want	**detanewê** you want
deyewê he/she/it wants	**deyanewê** they want

Negative: **nemewê** I don't want
           netewê you don't want
           neyewê he/she/it doesn't want
           nemenewê we don't want
           netanewê you don't want
           neyanewê they don't want

—**Hatin** "to come":

SINGULAR	PLURAL
yêm or **dêm** I come	**yêyn** or **dêyn** we come
yêyt or **dêyt** you come	**yên** or **dên** you come
yêt or **dêt** he/she/it comes	**yên** or **dên** they come

hatim I came	**hatîn** we came
hatît you came	**hatin** you came
hat he/she/it came	**hatin** they came

—**Çûn** "to go":

SINGULAR	PLURAL
deçim I go	**deçîn** we go
deçît you go	**deçin** you go
deçê he/she/it goes	**deçin** they go

çûm I went	**çûyn** we went
çûyt you went	**çûn** you went
çû he/she/it went	**çûn** they went

■

a – f**a**ther, **e** – m**a**n, **ê** – p**ay**, **u** – p**u**t, **û** – sh**oo**t

PRONUNCIATION GUIDE

Kurdish letter	Kurdish example	Approximate English equivalent
a	aw "water"	father, as in South British English
a'	a'înwan "address"	*see page 19*
b	bra "brother"	box
c	cade "street"	jet
ç	ça "tea"	church
d	dest "hand"	dog
e	esip "horse"	pat (& see page 18)
ê	ême "we"	pay (& see page 18)
f	frrokexane "airport"	fat
g	goşt "meat"	got
h	hezar "thousand"	hat
h'	h'ukmet "government"	*see page 19*
i	biçûk "small"	hit
î	îmeyll "email"	heat
j	jin "woman"	erazure
k	komek "help"	kick
l	leş "body"	let
ll	bellê "yes"	*see page 18*
m	mang "month, moon"	mat
n	nan "bread"	net
o	ofîs "office"	coat, as in Southern British English
p	polîs "police"	pet
q	qox "peach"	*see page 19*
r	ferîş "carpet"	rat, a single "flap"
rr	rroj "day"	rat, a full "roll"
s	ser "head"	sit
ş	şar "town"	shut
t	topî-pê "football"	ten
u	dukan "shop"	pull, as in Southern British English
û	ûtumbel "car"	shoot
v	vîse "visa"	van
w	wezîr "minister"	world

c – jam, ç – church, j – leisure, ş – shut, x – loch, xh – gh

x	xellik "people"	loch, as in Scottish English
xh	kaxhez "paper"	see page 19
y	yek "one"	yes
z	zêrr "gold"	zebra

Nothing beats listening to a native speaker, but the following notes should help give you some idea of how to pronounce the following letters.

e is the short "a" vowel in "pat" – it is written as **e** because it can also sound very much like the "e" in "pet".

ê is the vowel part of "pay" without the "-y".

u can sometimes (depending on the speaker and when written as وو **wawî qellew**, see page 20) be pronounced as "ö" – the same sound as written in Turkish or German.

l/ll are two distinct sounds in Kurdish. Depending on the word (without affecting meaning), English speakers also use a "light" "l" and a "dark" "l" as in "album" and "all". The "l" in the first word is equivalent to Kurdish **l** and is pronounced with your tongue close to the back of your teeth. The "ll" in the second example is with your tongue much further back in your mouth – this is the Kurdish **ll**. Note that the pronunciation and use of **ll** will vary from region to region.

r/rr are two distinct sounds in Kurdish: **r** is a single "flap" of the tongue (this is the same sound found in Turkish and Farsi) while **rr** is a full "roll" (this is the same as Scottish English and Arabic). Castillian Spanish makes the same distinction, e.g. **pero** "but" and **perro** "dog".

x is the rasping "ch" in Sottish "loch" and German "ach", frequently transcribed in English as "kh". It is also pronounced like

a – father, e – man, ê – pay, u – put, û – shoot

the Castillian Spanish "jota". [equivalent to Arabic or Farsi خ]

xh is pronounced like a sort of growl in the back of your throat — like when you're gargling. Frequently written in English as "gh" when transcribing other languages that have this sound, the German or Parisian "r" is the easy European equivalent. [= Arabic غ]

h' is a more emphatic form of **h**. Take the exhaling sound you make when you've just burnt your mouth after taking a sip of boiling hot soup, push it right back into the very back of your mouth, making sure your tongue goes back too, and that should give a good approximation! [= Arabic ح]

a' if you follow the same pronunciation rules for **h'**, with your tongue and back of mouth all pressed up against the back of your throat, then simply change the hiss of the h to a sound using your vocal cords. If you're then sounding like you're being choked, then you've got it. Hint: rather than think of **a'** as a consonant, think of it as a "vowel modifier", and when listening to a native speaker, note how it changes any vowel in its vicinity, "pharyngealizing" the vowel, sending half the sound up the nose. American English has a similar "coloring" with its use of "r". Note that in Iran this is generally pronounced as a soft "glottal stop" or has the effect of simply lengthening the preceding or following vowel. [= Arabic ع]

q is pronounced like a **k**, but right back in your mouth at the throat end, in the same area as **h'** and **a'**. Imagine you have a marble in the back of your throat and that you're bouncing it using only your glottis, and make a **k** sound at the same time. [= Arabic ق] ∎

c – *j*am, ç – *ch*urch, j – lei*s*ure, ş – *sh*ut, x – lo*ch*, xh – *gh*

The Sorani alphabet

Kurdish letter	Roman equivalent	Name of letter	Kurdish letter	Roman Equivalent	Name of letter
ئ / ا	a	elef	ق	q	qaf
ب	b	be	ك / ک	k	kaf
پ	p	pe	گ	g	gaf
ت	t	te	ل	l	lam
ج	c	cîm	ڵ	ll	lamî qellew
چ	ç	çe	م	m	mîm
ح	h'	h'e	ن	n	nûn
خ	x	xe	و	w, u	waw
د	d	de/dal	ۆ	o	wawî qellew
ر	r	re	وو	û	wawî qellew
ڕ	rr	rre	ە	h, e	he
ز	z	ze	ئ	y, i, î	yeî qellew
ژ	j	je	ی	ê	yê
س	s	sîn	یی	î	yeî doye
ش	sh	shîn			
ع	a'	a'eyn			
غ	xh	xheyn			
ف	f	fe			
ڤ	v	ve			

Numbers

٠	١	٢	٣	٤\٣	٥	٦	٧	٨	٩	١٠
0	1	2	3	4*	5	6	7	8	9	10

*The second form of 4
is used in Iran.*

a – father, e – man, ê – pay, u – put, û – shoot

SORANI
Dictionary

SORANI–ENGLISH
SORANÎ–ÎNGLÎZÎ

A/A'

Ab August
abllûqedan siege; to surround
abûrîzan economist
a'edese lens; **a'edesey lasiqe** contact lenses
A'êraq Iraq
A'êraqi Iraqi
A'ereb Arab
A'erebî Arabic
a'etir perfume
a'eyade clinic
a'ezî dress
agir fire
agirbest truce; ceasefire
aheng party
ahengî goranî concert
aîdz AIDS
aîn religion
a'înwan address
aîs krêm ice-cream
alîk dan be ajell to feed an animal
alltûn gold
amanc objective
amêrî faks fax machine
amêrî fotokopî photocopier
a'mule commission
ard flour
aş mill
asan easy
asantir eraser
aşewan miller
asik deer; gazelle
asin iron

asprîn aspirin
aştî peace
Aşûrî Assyrian
asûdeyî safety
aw water; **aw u hewa** weather; **awî gerim** hot water; **awî sard** cold water; **awî srûştî** mineral water; **awî xûardinewe** drinking water; **Awî xwardinewe heye?** Is there any drinking water?
awdan; awdêrî irrigation
awdest toilet(s); **awdest u h'emam** bathroom
awdestî jinan/pyawan ladies/gents toilets
awdestxane toilet(s)
awêne mirror
awlle smallpox
aya *indicates a question:* **Aya Înglîzi qise dekeyt?** Do you speak English?
aye? is there?/are there?
azad free; **azad krdin** to liberate
azadî liberty
azadkrdin liberation
Azerbaycan Azerbaijan
Azerbaycanî Azerbaijani

B

ba wind; windy
babetî xwêndin subject

---

c – *j*am, ç – *ch*urch, j – lei*s*ure, ş – *sh*ut, x – lo*ch*, xh – *gh*

bacî frrokexane airport tax

badem almond

bakûr north

balkone balcony

ballinde bird

ballwêz ambassador

ballwêzxane embassy

bamê okra

banq bank

bapîr grandfather

baran rain

barî zyade excess baggage

barimte hostage

barr bar

bas krdin discussion

basik arm

başûr south

bawk father

bax garden

baxçey ajell zoo

baxhe plastic

baxî giştî park

bayekî gerim hot wind

baz falcon; hawk

bazarr market; supermarket

bazarrgerî marketing

bazin bracelet

be with; in; by

bê without; -less; **bê şekir, tkaye** no sugar, please; **bê tam** tasteless

bebexha parrot

bêdengî silence

bedest henan to get

befir snow

beharat spices

bektryay aîdz HIV

belem boat

bellam but

bellê yes

benc anesthetic

bendkrdin to take prisoner

ber u bûm harvest; **ber u bûmî têkell** combine harvester

beramber opponent; opposite

beran sheep

beraz pig

berbestî aw dam

berd stone

berdêk rock; **berdekan** rocks

berdî aş millstone

berebeyan dawn

berg drû dressmaker

bergrî krdin to resist

Berîtanî British

Berîtanya Britain

beriz high

berre carpet

berrêwebrdin to command

bertîl xwardin corruption

berwar date; **berwarî geyştin** date of arrival; **berwarî rroîştin (cyabûnewe)** date of departure

berx lamb

berzî kerew! Lift!

bes enough; **bes nîye** not enough

beşe sûd commission

bêstan farm; orchard

bestellek freezing; frost

betalyon regiment

betanî blanket

bexêrben! welcome!

beyanî morning; tomorrow

bezalya peas

bîber pepper

a – father, e – man, ê – pay, u – put, û – shoot

biçûk small

bîna building; **bînay beriz** apartment block

bînîn to see; to meet

binkey telefon telephone center

bîr well *of water*; memory

birdnewe to win

bîre beer

bîrkarî maths

bîroy zanyarî information bureau

bîst twenty

bîstem twentieth

bizmar nail

blus sweater

bnêşt chewing gum

bo with; in; by

boçî? why?

bodwawe forwards

bomba bomb; **bombî neteqyû** unexploded bomb

bombard krdin bombardment

bon krdin to smell

bonî arayş perfume

bonît hood/bonnet

bopêşewe backwards

boq frog

boş neutral drive

boste! stop!

boye paint

boynbax necktie

bra brother

braza nephew

brdin to take

brinc rice

brîndar krdin to wound

brînkar surgeon

brro! go!

brûske email

Budî Buddhist

bulbul nightingale

bûmelerze earthquake

bûn to be; birth

burc tower

burxhû screw

bût boots

butll bottle; **butllêk aw** a bottle of water; **butllêk bîre** a bottle of beer; **butllêk şerab** a bottle of wine; **butllêk tir...** another bottle (of...)

byaban desert

bzin goat

cade street; **cadey yek rrê** one-way street

callcalloke spider

camî pêşewe windshield/windscreen

canta bag; **cantay dest** handbag; **cantay sefer** suitcase

carêk once

casûs spy

caz jazz

cbexaney neteqyû unexploded ordnance

cedol timetable

ceg jack

cegey nûstin bed

cekemanî; çekemenî weapon; arms

celltey dill heart attack

ceng war

cengawer fighter

cerah' surgeon

cerîmet crime

cew weather

cewene water bottle

cigere kêşan qedexheye no smoking

cîhan world

cil-ştin laundry

c – *j*am, ç – *ch*urch, j – lei*s*ure, ş – *sh*ut, x – lo*ch*, xh – *gh*

circ rat
clî jêrewe underwear
co barley
coge stream
Corcî Georgian
Corcîa Georgia
corêkî pşîleye ferret
Cûleke Jew; Jewish
Cuma' Friday
cumgey beynî qaç u pê ankle
cûtyar farmer
cûtyarî farming
cuxhrafya geography
cwar four; **çwar sbey** four days from now; **çwar yek** or **yek le ser çwar** one-quarter

Ç

ça tea; **ça u lîmo** tea with lemon
çadir tent
çaket jacket
çareser krdinî srûştî physiotherapy
caş mercenary
çaw eye
çawdêrî krdin to watch
çawîlke glasses; **çawîlkey xor** sunglasses
çek weapon
çekî etomî nuclear power
çekmece drawer
çekûş hammer
çenage chin
çend? how much?; **çend dane?** how many?; **çend dûre?** how far?; **çend nzîke?** how near?
çep left; **çep rrew** left-wing; **Be deste çepda pêç bkerewe.** Turn left.
çeqoyek knife

çerçef sheet; **çerçefî pak** clean sheets
çerim leather
çêştxane restaurant
çetallêk a fork
çetir umbrella
çew gravel
çî? what?
çil forty
çîlkey agir krdinewe firewood
çira lamp
çoleke sparrow
çoll krdin to evacuate
çon? how?
çrke second
çûn to go
çûne jûrewe entrance; **çûne jûrewer qedexheye** no entry
Çwar şemme Wednesday
çwarde fourteen
çwarem fourth
çwar-rra crossroads

D

dabeş krdin division
dabeşî dekat to divide
dadgay yasayî law court
dadwer judge
dagîr krdin to conquer; to invade
dahatû future; next
dai'îrey berîd post office
dall eagle
dallde shelter
dalldedan to take shelter
dan teeth; seeds
danekan tooth
Danimarkî Danish
danîştin to sit
dansaz dentist
dapîre grandmother
dar tree; wood; **darî trê**

a – father, e – man, ê – pay, u – put, û – shoot

vine; **dar xurma** palm tree

darayî treasury

daristan wood; forest

dartaş carpenter

das sickle

dasirrêk a napkin

dau u dermanî çeşt spices

daxrawe shut; closed

dayk mother

daynê! drop it!

de ten; **de sall** decade

dê village

dea'amîye bumper

debabe *military* tank

debaşîr chalk

dejmêrê to calculate; to count

dekatewe: ko dekatewe to add

delak barber

dem mouth; **dem u çaw** face

demançe gun; pistol

demar vein

demî rrûbar river bank

deng voice; noise; vote; **bê deng be!** keep quiet!; **dengî kemîne** minority vote

dengdan voting

denge deng noise; noisy

deqîqe minute *of time*

dêr monastery

derçûn exit; **derçûnî firyaguzarî** emergency exit

derec grade; class; **derece yek** first class; **derece dû** second class

derewe out

derhênerî flîm filmmaker

derkrawe; dûrxrawetwe;

derhênrawe excluded

derkrdin subtraction

derman *medical* drug; **dermanî danştin** toothpaste; **dermanî mêş** mosquito repellent; **dermanî mêş u megez** insect repellent

dermanxane chemist's

dernefîz screwdriver

derxî dekat to learn by heart

deryaçe lake

derzî needle; **derzî sincaq** safety pin

desk handle

deskî telefon handset

deskî tifeng butt *of rifle*

desrrî kaxhez tissues; toilet paper

desrrî twalêt; desrrî awdest toilet paper

dest hand; **dest u qaç** limbs

destbeser hostage

destdan to lose

dest-harr mill

destî; deştayî plain/plains

destkêş gloves

destpê krdin to start

destûr constitution

dewacin poultry

dewlletî serbexo independent state

dewredan to surround

dewruberî şar suburb

dexll u dan crops; **dexll u dan gewre krdin** to grow crops

dexwênêtewe to read

deyem tenth

dezgay jimardin calculator

dezgay xêrxwaz a charity

---

c – *j*am, ç – *ch*urch, j – lei*s*ure, ş – *sh*ut, x – lo*ch*, xh – *gh*

dezû

dezû string
dîcîtall digital
dij opponent
dije anti-; against
dije mîkrob antibiotic
dîktator dictator
dîktatoryet dictatorship
diktor doctor
diktorî benc anesthetist
dîl prisoner
dill heart
dilxoş happy
dîmen a view
dîmukrasîyet democracy
dîplomasî diplomat
dirmîye epidemic
dirwêne harvest
dirwêne krdin to reap
dîsko disco
dîzayner designer
dolar dollar
doll valley
donim acre
dorrandin to lose
draw currency
drawî kaxhez banknotes
drawkar banker
drêl drill
drew harvest
dro lie
drûne krdin to reap
dû two; **dû car** twice; **dû beyanî/dû sbey** the day after tomorrow; **dû gollî** football
dûa last
dûakewtin delay
dûane twins
dûatrîn last
dûbare dekatewe to repeat
dûhem second
dujmin enemy
dukan shop; **dukanî cil**

clothes shop; **dukanî nanewaî** bakery; **dukanî ktêb froştin** bookshop; **dukanî pêllaw** shoe shop; **dûkanî sea'atçî** watchmaker's; **dukanî sewze** greengrocer; **dukanî ştin u ûtû** laundry
dûpşik scorpion
dûr far
dûrbîn binoculars; telescope
dûre far; **çend dûre?** how far?
dûre wllatî exile
dûş shower
Dû şemme Monday
dwakewtin to chase
dwanze twelve
dwênê yesterday; **dwênê beyanî** yesterday morning; **dwênê nîwerro** yesterday afternoon; **dwênê şew** yesterday night
dyanet religion
dzî theft

E/Ê

edeb literature
efser officer
ejno knee
ekadîmî academic
-eke the
êkstênşin extension
elkuh'ul alcohol
elkuhulî alcoholic
Ellmanî German
Ellmanya Germany
em şew tonight
emane these
eme/em this; **em beyanîe** this morning; **em heft-**

---

a – father, e – man, ê – pay, u – put, û – shoot

eye this week; **em paş nîwerroye** this afternoon; **em şew** tonight; **em sall** this year; **em ...-e kameye?** which ... is this?

ême we

Emrîka America

Emrîkî American

emrro today

encumenî balla upper house *in parliament*

encumenî xwarû lower house *in parliament*

endamî perleman member of parliament

endamî zaw u zê genitals

endazyar engineer

endazyarî nexşan architect

enenas pineapple

enîşk elbow

entîbayotîk antibiotic

êr kondîşin air-conditioning

Êran Iran

Êranî Iranian

êre here

Êrlenda Ireland

Êrlendî Irish

Ermînî Armenian

Ermînya Armenia

esip horse; stallion; **esip swarbûn** horse riding; **esip u a'erebane** horse and cart

esîr hostage

espê louse/lice

esprîn aspirin

êsqan bone

eşkewt cave

êsta now

estêre star

êstir mule

Eurupa Europe

ew he; she; it

ewan they

ewane those

êware evening

ewe that; **ewe bese** that's enough; **ewe çîye?** what's that?

ewê there

êwe you *polite/plural*

Eylul September

F

faks fax

fanîle u derpê underwear

Farsî Farsi

fasolya beans

fayl file; **faylî kompyuter** computer file

fêllkrdin le hellbjardinda vote-rigging

fênik/fênk cool; fresh

fêrbûn to learn; to teach

Ferensa France

Ferensî French

ferheng dictionary

ferhûd krdin to loot

ferîq lieutenant-general

feriş carpet

fermanber official; staff; **fermanberî bedale** operator; **fermanberî bedaley cîhanî** international operator; **fermanberî ofîs** officer worker; **fermanberî şaristanî** civil servant

fermandan to command

fermange office

fewc regiment

fexfûrî pottery

fîl elephant

fillçe brush; **fillçey**

c – *j*am, ç – *ch*urch, j – lei*s*ure, ş – *sh*ut, x – lo*ch*, xh – *gh*

danştin toothbrush;
fillçey qij hairbrush;
fillçey seyare windshield wipers
fîşek bullet; **fîşekî girrdar** tracer bullet
fistiq pistachio
fîter mechanic
flaş flash
flîm film
fotokopî photocopy
froştin sales
frrîn aviation; flight;
frrînî cîhanî international flight; **frrînî nawxo** internal/domestic flight
frroke airplane
frrokewan pilot
frrokexane airport
fryamkewin! help!

G

ga bull; ox
gallon gallon
gameş buffalo
gasîno casino
gaz gas
gazî mêş mosquito bite
gede stomach
gella leaf
genc young
geney xwen mjî ser pêstî ajell tick
genim wheat
genmeşamî corn; maize
gerim hot; warm
germî pêw thermometer
gerran bedwada to chase
gerrîla guerrilla
geşe krdin to grow
geşt u guzar tourism
geşteyar tourist

geştyarî tourism
gewirr barn
gewre big
gez yard
gîrawe reserved
gird hill
gîrfan pocket
gllopêk light bulb
golik calf
goll goal
gollf golf
gorewî socks
gorr tomb
gorrînewe exchange
goşt meat; **goştî berx** lamb; **goştî ga** beef
govar magazine
goze pottery
gram gram
gran expensive
grdî damên şax foothills
gring important
grtin to arrest
grûpî xwên blood group
gûllî destkird rosary
gûmrig customs
gûnd village
gurçîle kidney
gurg wolf
gurîs rope; **gûrîsî ûtumbêl rrakêşan** tow rope
gware earrings
gwê ear
gwêgrtin to hear
gwêreke calf
gwêz walnut
gwêzan razor
gya grass

H/H'

h'afta seventy
harrîn to grind
h'asîbe calculator

---

a – father, e – man, ê – pay, u – put, û – shoot

hatin to come
hawçerx modern
hawîn summer
hawkarme colleague
hawllatî citizen
hawpeyman coalition
hawrrê friend
h'eb pill(s); **h'ebî azar** painkiller; **h'ebî xew** sleeping pills
hebûn to be; to have; *see page 15*
hefte week; **heftey pêşû** last week; **heftey dahatû** next week
h'ekem referee
helîkopter helicopter
hêlke egg
hêll line
hellamet cold; flu
hellbjardin election
helldan to throw
helldanî top le yarîda pitch
helle false
hellgrtin to carry
hellgrtinewe; hellgrtin to pick up
hêllî cût furrow
hellî şemendefer railway
hellûje plum
h'emam u awdest bathroom
hemû everything
henan; bedest henan to get
henar pomegranate
henarde parcel; **henarde yan namey tomar kraw** registered mail
heng bee
hengwîn honey
her all; every

heresî befir glacier
hêriş krdin assault; attack
hêrişî asmanî air-raid
herweha also
herzan cheap
heşde eighteen
h'esh'es patrol
h'esîr mattress
heşt eight
heşta eighty
heştem eighth
hetaw sun; **hetaw lêdanî zor** sunstroke
h'evde seventeen
hewa air
hêwaş slow
hewir cloud; cloudy
h'ewt seven
h'ewtem seventh
Heynî Friday
hêz: be hêz strong
hezar thousand
hêzî asayş rragirtin peace-keeping troops
hêzî asmanî airforce
hêzî çekdar troops
hêzî deryayî navy
Hilalî Sûr Red Crescent
Hind India
Hîndî Hindi
Hîndu Hindu
h'iquqî medenî civil rights
h'isab bill/check
hokî hockey
Hollenda the Netherlands
Hollendî Dutch
holl hall; **hollî konsêrt/ ahengî goranî** concert hall
horr marsh
h'ukmet government
hûnermend artist

h'ûştir camel
H'uzeyran June

I/Î

-î/-y of
iger liver
îltîhab infection
îmam imam
îmeyll email
îmtîh'an exam
îmza signature
Înglîz; Înglîzî English; **Aya Înglîzi qise dekeyt?** Do you speak English?
Îngltera England
înqîlab coup d'etat
înternêt internet
internêt cafê internet kafé
îsa'af ambulance
îsfenc sponge
îspane spanner/wrench
Îspanî Spanish
Îspanya Spain
Îsraî'ylî Israeli
îş work; business; **îş krdin** to work
îşî dest handicraft
Îtallî Italian
îxhtyal killing; assassination

J

jehrawî bûn be xwardin food poisoning
jemî xwardin meals
jen(e)rrall general; **jenerrallî giştî** major-general
jimardin calculation
jimare number; **jimarey jûr** room number; **jimarey seko** platform number; **jimarey pas-**

port passport number
jimeryar accountant
jin woman; wife; **jin henan** marriage *for man*
jîns jeans
jîşik hedgehog
jûr room; **jûrî konfrans** conference room; **jûrî neştergerî** operating theater/room
jyan life; to live

K

ka straw; hay
kabîne cabinet
kalek melon
kame?/kameyan? which?
kamêre camera
Kanunî Dûhem January
Kanunî Yekem December
kanza metal
kaptin captain
kardanewe reactionary
kareba electricity
karesat disaster; **karesatî srûştî** natural disaster
karêzbat well *of water*
karmend administrator; *military* staff
karmendî komekî aid worker
karsaz business person
kart postcard
kartî banq credit card
karwan convoy
kasêt cassette
Kasolîk Catholic
kat time
katî esta present
katî pşû holidays
katî rroj-awabûn sunset
katî rroj-hellatin sunrise
katîdrrall cathedral

a – father, e – man, ê – pay, u – put, û – shoot

katjmêr hour
kawbo jeans
kaxhez paper
kê? who?
kebab kebab
kêbll cable
kêç flea(s)
kelerim cauliflower
kellek ferry
kellekey pûş haystack
kelleşêr cock/rooster
kêllge farm; field; **kêllgey
mîn** minefield
kem endam disabled
kem u zor more or less
kem xwênî anemia
kemer waist
kemîn ambush
kemîne minority
kempî penaber refugee
camp
kempî zîndanekanî ceng
P.O.W. camp
kemtir less
kenall canal
kend valley
Keneda Canada
Kenedî Canadian
kenîse church; **kenîsey
serekî** cathedral
ker donkey
kerwêşik rabbit
kes person
kesêkî rragwêzraw dis-
placed person
kesî personal
kêşeyek nyîe! no problem!
ketîre glue
kew partridge
kewanter cupboard
kewçik spoon; **kewçikî
çay** teaspoon
kewtin to fall
key? when?

kiç girl
kîlogram kilogram
kîlometir kilometer
kirdinewe: ko kirdinewe
addition
kîse sack; **kîsey xew**
sleeping bag
kişandinewey leşkir to
retreat
kiştukall agriculture; **kiş-
tukall krdin** to culti-
vate
kitrî; kitlî kettle
klac clutch
klîl key; **klîlî butll
hellpçrrînêk** a bottle-
opener; **klîlî qutû
hellpiçrrîn** can opener
kllaw hat
kobra cobra
kobûnewe meeting; to
meet
kobûnewey encumen
assembly; meeting;
**kobûnewey xellkêkî
zor bo piştîwanî krdin
le brrwayekî syasî**
political rally
kogay gewre department
store
kogay kel u pelî karebayî
electrical goods store
kolêc college
kolêjî serbazî military
university
kolêra cholera
kollan street
komek help; **komek kar**
aid worker; **komekî
fryaguzarî** relief aid;
komekî mirovayetî
humanitarian aid
komelêk manga cattle
komîşin commission

c – *j*am, ç – *ch*urch, j – lei*s*ure, ş – *sh*ut, x – lo*ch*, xh – *gh*

kompyuter computer; I.T.

kon old; traditional; stale

kondom condom

kopî copy

korrî zanyar academy

koşik castle

kotayî end

kotir dove; pigeon

kras shirt; dress

krawe open

krawetewe to open

krdin to do; to make

kredit kart credit card

krêkarî karge factory worker

krêmî rrîş taşîn shaving cream

krêmî xor sunblock cream

krîkit cricket

krim worm

krîstal crystal

krmêke debête pepûle caterpillar

krmî awrîşim silkworms

ktêb book; **ktêb yan pertûkî rrênmayî** guidebook; **ktêbî rrahenan** exercise book

ktêbxane library

kûlekey gewre pumpkin

kûnepepû owl

kûpêkî tir another cup

Kurd Kurd

Kûrdî Kurdish; **Aya Kûrdî qise dekeyt?** Do you speak Kurdish?

Kurdistan Kurdistan

kûrr boy; son

kursî chair; table; **kursî le encumenda** seat in assembly; **kursî kem**

endam wheelchair

kûştin to kill; killing; assassination

kwê? where?

Kwêt Kuwait

Kwêtî Kuwaiti

L/LL

laberî bonî naxoş deodorant

lade village

lafaw flood

laî nîwerrowe in the afternoon

laperre page

lastîk rubber; **lastîkî xet kûjanewe** eraser

lawaz weak

le/lay in; on; **le peşew** in front of; **lay beyanîyewe** in the morning; **lay çep** on the left; **lay êwarewe** in the evening; **lay rrast** right: on the right

lêdan to hit

lêdwan discussion

lefe sandwich

lêjî slope

lêkdan multiplication

lêk dedat to multiply

lênan to cook

lêrewe this way

lerz u ta fever

leş body; **leş saxh** well; **leş saxhî** health

leşkir army

lêw lip

lewaneye probably

lewêwe that way

lêxûrrîn to drive

lêy der dekat to subtract

lim sand

lîmo lemon; lime

a – father, e – man, ê – pay, u – put, û – shoot

lître liter
loke cotton; lokey tîmar-
 karî cotton wool
Lubnan Lebanon
Lubnanî Lebanese
lût nose
lûtke summit; peak
luxhum *mineral* mine

M

-m my; am
ma'îde stomach
mafî rights; mafî mrov
 human rights; mafî
 şarî civil rights
Maîs May
mam *paternal* uncle
mamosta teacher
mandûyî tiredness
mang month; moon;
 mangî taze new
 moon; mangî çwarde
 şew full moon
manga cow
mango mango
Mar gestin snake bite
mar snake
Març March
marmêlke lizard
Mart March
masî fish; masî taze fresh
 fish
maskara mascara
mast yogurt
matemînî funeral
matmatîk maths
matorr motorbike
mawey kobûneweyek
 session
mayn mare
mê female
mea'keroni pasta
meçek wrist
medfea'ye cannon;

artillery; bomber
mêgel herd; flock
megez insect; megez
 gestin insect bite
megezêkî gyaye grass-
 hopper
megez-kûj insecticide
mêjû history
mekîne machine
mekîney rrîş taşîn razor-
 blade
mekteb school
mel bird
mela'eb stadium
melarya malaria
mele; melewanî swim-
 ming
memik breast
menber forum
menfa exile
meqest scissors
mêrd husband
merekeb ink
mêrg meadow
merr sheep; ewe; merr u
 mallat livestock
merûle ant
Mesîh' Christian
mêş fly; mosquito
metare bucket
metir; metr meter
metrsî danger
meweste! don't stop!
mewqîfî pas bus stop
mexzenî mekayn hard-
 ware store
meydanî serekî main
 square
meymûn monkey
meyxane bar; pub
mêz table; desk
mêzî kar krdin bench
mh'ewîle transformer
mih'ete station; mih'etey

c – *j*am, ç – *ch*urch, j – lei*s*ure, ş – *sh*ut, x – lo*ch*, xh – *gh*

qitar train station
mîkanîkî mechanic
mikrob germs
mîkroskob microscope
mil neck
mîl mile
mîlî traditional
milwanke necklace
min I
mîn *explosive* mine(s);
mîn danan (daçandin) to lay mines; **mîn berkewtin** to hit a mine; **mîn dozerewe; mîn hellgirewe** mine detector; **mîn hell-girtinewe** mine disposal; **mîn pak krdi-newe** to clear a mine
mîna enamel
mînber forum
mindall children; **mindall bûn** to give birth
mindalldan womb
mis copper
Mîsr Egypt
mişar saw
mistîle ring
mîwanî qiseker guest speaker
mîwanxane guesthouse
mîwe fruit; **mîwey taze** fresh fruit
mizgewt mosque
mlîon million
mobayel mobile phone; cellphone
modêm modem
mom candle
momdan candlestick
mor purple
moraney dar u textey xanû bere termite

mosîqa music; **mosîqay folklorî** folk music; **mosîqay pop** pop music
mozexane museum
mrdin death; to die
mrîşik chicken/hen
msqal ounce
mşik mouse
mua'areze opposition
muhedî' tranquilizer
mulazim ewel lieutenant
muqedem lieutenant-colonel
mûşek hellder rocket-launcher
mûşek rocket
Mûsullman Muslim
muxederat drug; narcotic
muxeyem campsite
muzemîd nurse

N

na- not
nall krdinî esip to shoe a horse
namey hewayî air mail
nan bread
nanewa baker's
nanî beyanî breakfast
nanî eware dinner/supper
nanî nîwerro lunch
narincok grenade
nasîn to know *someone*
nasnamey nîştimanî nationality
naw name;
naw (cergey) şar town center
naw qedî dar trunk *of tree*
nawçe district; **nawçey pîşesazî** industrial estate

a – father, e – man, ê – pay, u – put, û – shoot

nawçeyî local
nawewe in
nawi xêzan surname
nawnîşan address
ne- not
nefret dekat condemn
nenik grandmother
nêr male
nêrey marr ram
neştergerî *medical* operation; surgery
Netewe Yekgirtwekan United Nations
newet ninety
nexêr no
nexoş sick
nexoşî disease; nexoşî westanî kit u prrî dill heart attack; nexoşî endamekanî zaw u zê venereal disease; nexoşî harî rabies
nexoşxane hospital
nexşe map; nexşey rrêga road map; nexşey şar city map; nexşey Slêmanî a map of Sulemaniya
nexşekêş designer
nexwendewarî illiterate
nînoker nail-clippers
Nîsan April
nîsk lentils
nîşane sign
nîwe half
nîwe şew midnight
nîwerro noon/afternoon
Nîwzîlenda New Zealand
no nine
nohem ninth
nok chickpeas
nozde nineteen
nşêw slope

nûser writer
nûsîn to write
nûsîngey geşt u guzar travel agent
nzîk near; çend nzîke? how near?
nzim low

O

ofîs office; ofîsî blît froştin ticket office
oksicîn oxygen
opozîsyon opposition
Orsodoksî Mesîh'î Orthodox Christian
otonomî autonomy

P

pak clean; pak kerewe antiseptic; pak kerewey a'edesey lasiqe contact lens solution
pakî cleanness; hygiene
paksazî nejadî ethnic cleansing
pallto overcoat
pan wide
panke fan
pantoll trousers
panze fifteen
paporreke boat
par last year
parçe parcel; piece; parçey mîn yan qumbele shrapnel; parçe kaxhzê piece of paper
pare wergir cashier
parey asin coins
parêzer lawyer
parleman parliament
partî (syasî) (political) party

partîzan guerrilla
paseke bus
pasewanî gerrok patrol
paskîl bicycle
pasport passport
paşa king
paşekişe to retreat
paşmawey xanû yan şwênêk ruins
patrî battery
pawen pound
pê foot; be pêwe westan to stand
pêçkrdinewe reverse
pêdan to give
pelamardan assault; attack; pelamardanî wllatêk to invade
pêllaw shoes
pemeyî pink
pemû cotton
pena shelter
penaber/penahende refugee; penaberan/penahendan refugees
pênc five
Pênc şemme Thursday
penca fifty
pence finger; pence gewre thumb; pencey qaç toe
pêncem fifth
pencere window
penîr cheese
pênûs pen
pepûle butterfly
perdaxêk glass; perdaxêk aw a glass of water
pêrê the day before yesterday
perêz meadow
perleman parliament
perrawî (defterî) têbînî notebook

perreşût parachute
perrey kaxhez sheet of paper
perrtûk book; perrtûkî têbînî notebook
pêş in front of; back
pêşanga exhibition; pêşangay hûnerî art gallery
pêşbrkêy esip horse racing
pêşewa leader
pêşewe; le peşew in front of
pêşkewtin progress
pestan: pestanî berzî xwên high blood pressure; pestanî nizmî xwên low blood pressure
pet rope
petate potato; petatey sûrewkraw french fries; petatey sîrîn sweet potato
pewîst nakat! it doesn't matter!
peyje ladder
peyker statue
peyn fertilizer; manure
peywendî dîplomasî diplomatic ties
peywendî telefonî telecommunications
pîl battery
pîr old not young
pird bridge
pirteqallî orange
pîs dirty
pîşesazî h'esanewe leisure industry
pîşesazî take froşî retail industry
pîşesazi ûtêl/mîwanx-

---

a – father, e – man, ê – pay, u – put, û – shoot

aneyî hotel industry
pişt back; front
piştên belt
placiktor projector
plak plug; plakî beyek
geyandin adapter
plaster plaster
plastîk plastic
plling tiger
podre powder
pol class
polîs police; polîsî nhênî
secret police
polîsxane police station
post post/mail; postxane
post office
prînter printer
procêkter projector
program computer pro-
gram
prsyar question
prteqall orange
pşîle cat
pştewe; pşt; le pştewe
behind
pştîwanî krdin reinforce-
ments
pşû a break for refresh-
ments
psûlley swarbûn board-
ing pass
pûl stamp
pûr aunt
Purtugalî Portuguese
pûş straw; hay
pyase krdin to walk
pyaw man
pyaw-kûj killer
pzîşik doctor
pzîşkî brînkar surgeon

Q

qaç leg

qai'îm bill/check
qai'îmey xûardineke the
menu
qalunçe cockroach
qapêk a plate
qat suit
qawe coffee; qawe u şîr
coffee with milk
qaweyî brown
qayş belt
qaz duck
qazî mêye goose
qel turkey
qele rreş crow
qella fort; castle
qellem pen; qellemî boye
crayon; qellemî caf
ballpoint pen; felt-tip
pen; qellemî rresas
pencil
qemere car
qemîs shirt
qeraxh şar suburb
qeriz debt
qersîl meadow
qesabxane butcher's
qetê partridge
qewmîet nationality
qîblenima compass
qij hair; qij brr hairdress-
er; qij ûşik kerewe
hairdryer; Qij brrînêkm
dewêt. I'd like a hair-
cut.
qing bottom
qirjall crab
qirtasye stationer's store
qiseker speaker
qise krdin to speak
qoll arm
qonere shoes
qox peach
qufill padlock

qûris heavy; difficult
qûrraw swamp
qûrrg throat
qûtabî pupil; student; **qûtabî zanko** university student
qûtabxane school; **qûtabxaney serbazî** military school
qutîley xhaz gas canister
qutû can

RR

rraburdû past
rradîo radio
rrageyandin advertising
rrageyandinî zanyarî elektronî u peywendî dûr telecommunications
rrakrdin to run
rramyarî politics
rran herd; **rrane ga** cattle
rraport report
rrast right; straight on; **rrast rrew** right-wing; **Be deste rrastda pêç bkerewe.** Turn right.
rraste ruler *instrument*
rrastî truth
rrawejkar consultant
rraxer mattress
rrêçke footpath
rrefte scarf
rreg root
rregbî rugby
rrêge road; **rrê** road; **rrêga gîran** roadblock
rregezî kemayetî ethnic minority
rreh'im womb
rrêk straight on
rrêkxerî volltye voltage regulator

rrenge probably
rreş black
rreşaş machine gun
rreşeba windy
rewe flock
rrêwî fox
rrêzman grammar
rrîş beard
rrobll ruble
rroîstin to walk
rroj day; **be rroj** daytime
rrojawa west
rroj-awabûn sunset
rrojhellat east
rroj-hellatin sunrise
rrojî le dayk bûn date of birth
rrojname newspaper; **rrojname be Înglîzî** newspaper in English
rrojnamenûs journalist
rroman novel; **rroman be Înglîzî** novels in English
rron oil
rrşanewe vomiting
rrşik louse/lice
rrûbar river
rrûek plant; **rrûek rrûandin** to plant
rrumane grenade
rrûtkrdinewe robbery
rruxandin to destroy
rryazî athletics

S

sabûn soap
sall year; **de sall** decade; **sallî aynde** next year
sandwîc sandwich
santî sanitary towels
sanye second *of time*
sard cold
sarî epidemic

a – father, e – man, ê – pay, u – put, û – shoot

sarrux missile
sbey şew tomorrow night
sbeynê tomorrow; sbeynê beyanî tomorrow morning; sbeynê nîwerro tomorrow afternoon
sê three; sê car three times; sê sbey three days from now
Sê şemme Tuesday
sea'at hour; sea'atî dest watch; sea'atî dîwar clock; Sea'at çende? What time is it?; Sea'at ...e. It is ... o'clock.
sed hundred; dam
sede century
sefaret embassy; consulate
sefîr ambassador
seg dog
sêhem third
seholl ice; seholl şkên ice axe
sekoy qise krdin podium
sema krdin dancing
semay folklorî folk dancing
senterî telefon telephone center
ser head; top; ser sûç corner
sêrbaz soldier(s)
serbest free; serbest krdin to free
serbestî freedom; independence
serbexo free; independent
serbexoyî freedom; independence
sereta beginning
seretan cancer
serewe up

serîn pillow
serkewtin success; victory; to defeat
serok president; serokî karmendan chief of staff; serokî wezîran prime minister
serqebran cemetery
serzenişt dekat to condemn
setill bucket
sêw apple
sewiz green
sewze vegetables
seyranker tourist
sî thirty; lung
sî-dî CD
sifr zero
sikçûn diarrhea
sîkotîn glue
simt bottom
Sîn China
sînema cinema
sing chest
sinûqî name mailbox
sirke vinegar
sister nurse
Sîxh Sikh
sîxurr spy
siza deda to punish
skaner scanner
skirtêr secretary
skîy skiing
Skotî Scottish
Skotlenda Scotland
smêll mustache
smore squirrel
snûq box
sonde hose
soşyalî socialism
soşyalîst socialist
spêr spare
spî white
srinc syringe

c – jam, ç – church, j – leisure, ş – shut, x – loch, xh – gh

stîl steel
sûç corner
sûk light
sûkrdin marriage *for woman*
sullih' krdin to make peace
Sunî Sunni
supas! thank you!
Supast dekem. I am grateful.
sûr red
sûraw lipstick
Sûrî Syrian
sûrxhî derga door lock
Sûrya Syria
sûtemenî fuel
swêr salty
swêske partridge
syanze thirteen
syaset politics
syasî politician

Ş

şa king
şalyar minister
şampo shampoo
şan shoulder
şane comb
şano theater
şanze sixteen
şar town; city; şarî kon old city; dewruberî şar/ qeraxh şar suburb
şarezayî profession
şawer shower
şax mountain
şayetî deda to testify
şayî party
şebeq dawn
şehîd martyr
şekir sugar
şelal waterfall
şemendefe train

şemme Saturday
şeqam street
şer war; şer westan ceasefire
şêr lion
şerbetî mîwe fruit juice
şêrpence cancer
şerr violence; şerrî nawxo civil war
şeş six
şeşem sixth
şest sixty
şetrenc chess
şew night
şewîlag jaw
şexsî personal
şîa'e Shi'i
şîn blue
şîr milk; şîr dadoşîn to milk *an animal*
şîrîn sweet; şîrînî dessert; sweets/candy
şîw valley
şkistî failure; defeat
şkistî hênan to defeat
şorba soup
şorriş revolution
şrît tape; cassette; şrîtî vîdîo videotape
şubat February
şuqe apartment
şûşe bottle
şûtî watermelon
şwênewarnasî archaeological
şwênî place; şwênî cêhêştin departures *at airport*; şwênî geyştin arrivals *at airport*; şwenî çûne jûrewe check-in counter; şwênî yan pencerey ke barî seferî lêwe bar dekrêt baggage count-

a – father, e – man, ê – pay, u – put, û – shoot

er; **şwênî le dayk bûn** place of birth; **şwênî qumar** casino; **şwênî westanî pas** bus stop; **şwênî yadwerî** monument

tall bitter
tallan krdin to loot
tam taste; **tam krdin** to taste; **bê tam** tasteless; **be tam** tasty
tampon tampons
taqî dekatewe to test *academic*
taqîbkrdin to chase
taqîkrdinewe exam
tarîk dark
taşe berd rock
tawan crime
tawanbar criminal
tawis peacock
taybete be elkuhulewe alcoholism
taye tire/tyre; **tayey spêr/zyade** spare tire
tayt washing powder
taze new
tazebabet modern
tea'zîye funeral
tebax cooker
tecîl tape-recorder; **tecîlî sî-dî** CD player
tei'mîn insurance
têkdan to destroy
têkoşan struggle
teksî taxi
telar palace
telefon telephone; **telefonî destî** mobile phone/cellphone; **telefonî setelayt** satellite phone

teleskob telescope
televizîon television; **televizîonî destî** portable T.V.
tel wire; **telî alloskaw** barbed wire
tellaq draw divorced
tem u mij misty
temate tomato
temelli laziness
temen age
Temûz July
ten tonne
teng u çelleme crisis
tênis tennis
tenker tank
tepllekî cigere an ashtray
teqatua crossroads
teqe: teqe lêkrdin to shoot down; **teqe meke!** don't shoot!
teqemenî neteqyû unexploded ammunition
teqînewe explosion; to explode
teqlîdî traditional
tesk narrow
teslîmbûn to surrender
tewaw enough
tewir axe
têxrawe included
texte wood; **texte darî estûr** plank; **texte rreş** blackboard
teyare airplane
teyr bird
tifeng rifle
tîp team
tir another; **kûrsîyekî tir** another chair; **perdaxêkî tir** another glass; **qapêkî tir** another plate
tkaye! please!

c – *j*am, ç – *ch*urch, j – lei*s*ure, ş – *sh*ut, x – lo*ch*, xh – *gh*

to you *singular*
tomar krdin record
top ball
top gun; bomb; ball; **topî pê** football; **topî sebete** basketball; **topî ceng** artillery; **topî hêşûyî** cluster bomb
topbaran bombardment
torrî xoh'eşardan to camouflage
tow seeds; **tow daçandin** to sow
tozêk a little bit
traktor tractor
trê grape
triş sour
tropk peak
Tşrînî Dûhem November
Tşrînî Yekem October
tûlî mêş a mosquito net
tûn spicy *(hot)*
Tûrk Turk
Tûrkîa Turkey
tûtî parrot
twalêt toilet(s)

U/Û

-u and; or
û telekem my hotel
Ûllate Yekgirtûekanî Amrîka U.S.A.
Usturalî Australian
Ûsturalya Australia
ûtêl hotel
ûtû iron *for clothing*
ûtumbel car; **ûtumbêlêk ke debllî hebêt** 4-wheel drive; **ûtumbêlî fryaguzarî** ambulance; **ûtumbêlî nûstin** sleeping car

V

vayros virus
vîdîo video-player
vîse visa
vîto veto

W

-w and
wane lesson
warnîş varnish
wayer wire
wayermen mechanic
Wayllz Wales
Wayllzî Welsh
wêje literature
wellam answer
werdegêrrêt to translate
were jûrewe! come in!
wergêrran translation
wergrtin to get
weriz season
werzişî athletics
wessil receipt
westan to stop
wêstge station; **wêstgey şemendefer** train station; **wêstgey xwardin** feeding station
wezaret ministry
wezîr minister
wîl steering wheel
wirde loose change
wişkyî drought; famine
wîstin to want
wriç bear
wştir camel

X/XH

Xaçî Sûr Red Cross
xak soil
xakenaz spade
xall uncle *maternal*
xallî pişknîn checkpoint

a – father, e – man, ê – pay, u – put, û – shoot

xanû house
xawlî towel
xebatkrdin struggle
xellik people
xellke rragwêzrawekan displaced persons/people
xencer dagger; xencerî ser lûle tifeng bayonet
xêra quick
xêrayî speed
xerdel mustard
xerxere mouthwash
xestexane hospital
xet line
xêwet tent
xewtin to sleep
xeyar cucumber
xêzan wife; family; xêzan pêkhenan marriage
xêzandar married
xhemgîn unhappy
xişt brick
xiştey kat timetable
xizmet service; xizmetî cil ştin laundry service; xizmetî jûr room service
xobedestewedan to surrender
xomallî local
xopîşandan protest
xor sun
xorragrtin to resist
xoşewîstin to love
xrap bad
xşill jewellery
xûardinêkî sûk yan kem snack
xûardineweyek a drink
xulek minute of time
xuran itching; rash
xurî wool
xûşik daughter; sister

xûşkeza niece
xwah'afîz! goodbye!
xwar bottom
xwardin to eat
xwardinewe to drink
xwarewe down
xwê salt
xwên blood; xwên gûastinewe blood transfusion; pestanî berzî xwên high blood pressure; pestanî nizmî xwên low blood pressure
xwêndnewe to read
xzimme relative

Y

-y/-î of
Yaban Japan
Yabanî Japanese
yaney şew nightclub
yanze eleven
yard yard
yarî match
yarîga stadium
yarmetîdan to help; yarmetî! help!; yarmetim bide! help me!
yasa law
yawerme companion
yek one
yekem first
yekêtî bazirganan trade union
yeksane sum
Yek şemme Sunday
yexçal (selace) fridge
yuro euro

Z

zakîre memory
zana scientist
zanîn to know something

zanko university
zanyar scientist
zanyarî information
zeh'met difficult
zelkaw marsh; swamp
zellate salad
zerd yellow
Zerdeştî Zoroastrian
zerdewalle wasp
zerdûyî jaundice
zerfî name envelope
zêrr gold; **zêrr u zîw** jewellery
zewî earth; land; **zewî h'esawe** fallowland; **zewî hellkendin** to plow
zexîrey şerr ammunition
ziman language; **ziman wergerr** translator
zînadan prisoner
zincîr chain; **zincîrey şax** mountain range
zîndan prison
zîndanî ceng prisoner-of-war
zistan winter
zîw silver
zman tongue
zopa stove
zor many; very; too; **zor gerim** very hot; **zor sard** freezing; **zor kem** too little; **zor zor** too much/many
zoranbazî wrestling
zordar dictator
zordarî dictatorship
zorîne majority
zrêpoş armored car
zyade extra; **betanî zyade** an extra blanket
zyatir more

SORANI–ENGLISH
ÎNGLÎZÎ–SORANÎ

A

academic ekadîmî
academy korrî zanyarye
accountant jimeryar
acre donim
adapter plakî beyek geyandin
add ko dekatewe
addition ko kirdinewe
address nawnîşan; a'în-wan
administrator karmend
advertising rrageyandin
afternoon nîwerro; **in the afternoon** laî nîwer-rowe; **yesterday afternoon** dwênê nîwerro; **this afternoon** em paş nîwerroye; **tomorrow afternoon** sbeynê nîw-erro
age temen
agriculture kiştukall
aid worker karmendî komekî
AIDS aîdz
air hewa
air mail namey hewayî
air-conditioning êr kondîşin
airforce hêzî asmanî
airplane teyare; frroke
airport frrokexane; **airport tax** bacî frrokex-ane
air-raid hêrişî asmanî

alcohol elkuh'ul
alcoholic elkuhulî
alcoholism taybete be elkuhulewe
all her; **That's all!** Her ewende!
almond badem
also herweha
ambassador ballwêz; sefîr
ambulance îsa'af; ûtum-bêlî fryaguzarî
ambush kemîn
America Emrîka
American Emrîkî
ammunition zexîrey şer
amputation brrînewey pel yan endamêkî leş
and u
anemia kem xwênî
anesthetic benc
anesthetist diktorî benc
angry: I am angry. Min tûrrem
ankle cumgey beynî qaç u pê
another tir
answer wellam
ant merûle
anti-aircraft gun frroke-şken; dije frroke
antibiotic entîbayotîk; dije mîkrob
antiseptic pak kerewe
anti-tank mine mînî dije debabe; debabe şkên
apartment block bînay beriz

---

c – *j*am, ç – *ch*urch, j – lei*s*ure, ş – *sh*ut, x – lo*ch*, xh – *gh*

apartment şuqe
apple sêw
April Nîsan
Arabic A'erebî
archaeological şwêne-warnasî
architect endazyarî nexşan
arm qoll; basik; **arms** *weapons* çekemenî
Armenia Ermînya
Armenian Ermînî
armored car zrêpoş
army leşkir
arrest grtin
arrivals şwênî geyştin
art gallery pêşangay hûnerî
article *written* wtarî rrojname
artillery medfea'ye
artist hûnermend
ashtray teplle cigere
aspirin esprîn
assassination kuştin; îxhtyal
assault pelamardan; hêriş krdin
assembly *meeting* kobunewey encumen
Assyrian Aşûrî
asthma: I have asthma. Min rrebûm heye.
at: at our home le mali ême
athletics werzişî; rryazî
attack pelamardan; hêriş krdin
August Ab
aunt pûr
Australia Ûsturalya
Australian Ûsturalî
autonomy otonomî
aviation frrîn
ax tewir

Azerbaijan Azerbaycan
Azerbaijani Azerbaycanî

B

back pêş
backwards bopêşewe
bad xrap
badly xrap
bag canta
baggage counter şwênî yan pencerey ke barî seferî lêwe bar dekrêt
baker's shop nanewa
bakery dukanî nanewaî
balcony balkone
ball top
ballpoint pen qellemî caf
bank banq
banker drawkar
banknotes drawî kaxhez
bar barr; meyxane
barbed wire telî alloskaw
barber delak
barley co
barn gewirr
basketball topî sebete
bat şemşemekwêre
bathroom h'emam u awdest
battery pîl; patrî
bayonet xencerî ser lûle tifeng
be bûn
beans fasolya
bear wriç
beard rrîş
beat *overcome* serkewtin
bed cegey nûstin
bee heng
beef goştî ga
beer bîre
beginning sereta

a – father, e – man, ê – pay, u – put, û – shoot

behind pştewe; pşt; le pştewe
belt piştên; qayş
bench mêzî kar krdin
best çaktirîn
better çaktir
bicycle paskîl
big gewre
bill h'isabe; qai'îme
binoculars dûrbîn
bird ballinde; mel; teyr
biro qellemî caf
birth le dayk bûn
bit: a little bit tozêk
bite: This insect bit me. Em megeze gestimî.; **This snake bit me.** Em mare gestimî.
bitter tall
black rreş
blackboard texte rreş
blanket betanî
blood xwên
blood group grûpî xwên
blood pressure: low blood pressure pestanî nizmî xwên; **high blood pressure** pestanî berzî xwên
blood transfusion xwên gûastinewe
blue şîn
boar berazî kêwî nêr
boarding pass psûlley swarbûn
boat belem; paporreke
body leş
bomb bomba; top; **cluster bomb** topî hêşûyî
bombardment topbaran; bombard krdin
bomber medfea'ye
bone êsqan
bonnet of car bonît

book ktêb; perrtûk
bookshop dukanî ktêb froştin
boot(s) bût; **of car** piştî ûtumbêl; snûqî seyare
born: Where were you born? Le kwe le daîk bûyt?; **I was born in ...** Min le ... le daîk bûm.
bottle butll; şûşe
bottom simt; qing; xwar
box snûq
boy kûrr
bracelet bazin
bread nan
break for refreshments pşû
breakfast nanî beyanî
breast memik
brick xişt
bridge pird
Britain Berîtanya
British Berîtanî
brother bra
brown qaweyî
brush fillçe
bucket setill; metare
Buddhist Budî
buffalo gamêş
building bîna
bull ga
bullet fîşek
bumper dea'amîye
bus paseke
bus stop şwênî westanî pas; mewqîfî pas
business îş
business card karti bezirgani
business person karsaz
but bellam
butcher's qesabxane
butt of rifle deskî tifeng
butterfly pepûle
buy krrîn

c – jam, ç – church, j – leisure, ş – shut, x – loch, xh – gh

cabinet

cabinet kabîne
cable kêbll
cable television xetî setelayt
calculate dejmêrêt; dexemllênêt
calculation jimardin
calculator dezgay jimardin
calf golik; gwêreke
camel h'ûştir; wştir
camera kamêre
camouflage torrî xoh'eşardan
campsite muxeyem
can qutû
can opener klîlî qutû hellpiçrrîn
Canada keneda
Canadian Kenedî
canal kenall
cancer şêrpence; seretan
candle mom
candlestick momdan
candy şîrînî
cannon topî ceng; medfea'ye
captain kaptin
car ûtumbel; qemere
carpenter dartaş
carpet feriş; berre
carry hellgrtin
cartridge fîşek
cashier pare wergir
casino gasîno; şwênî qumar
cassette şrît; kasêt
castle qella; koşik
cat pşîle
caterpillar krmêke debête pepûle
cathedral katîdrralle;

kenîsey serekîye
Catholic Kasolîk
cattle rrane ga; komelêk manga
cauliflower kelerim
cave eşkewt
C.D. sî dî
C.D. player tecîlî sî dî
ceasefire agirbest; şer westan
cemetery serqebran
century sede
chain zincîr
chair kursî
chalk debaşîr
channel: television channel qenelî televizîon
charity dezgay xêrxwaz
cheap herzan
check-in counter şwenî çûne jûrewe (bo çêk krdinî blît)
checkpoint xallî pişknîn
cheese penîr
chemist's dermanxane
chess şetrenc
chest of body sing
chewing gum bnêşt
chicken mrîşik
chickpeas nok
chief of staff serokî karmendan
children mindall
chin çenage
China Sîn
cholera kolêra
Christian Mesîh'
church kenîse
cinema sînema
citizen hawllatî
city şar; city center naw şar; city map nexşey şar
civil rights mafî şarî;

h'iquqî medenî
civil servant fermanberî şaristanî
civil war şerrî nawxo
class pol
clean pak; **clean sheets** çerçefî pak
clinic a'eyade
clock sea'atî dîwar
close *verb* da xistin
closed daxrawe
clothes shop dukanî cil
cloud hewir
cloudy hewir
clutch klac
coalition hawpeyman
cobra kobra; corêkî mare
cock kelleşêr
cockroach qalunçe
coffee qawe; **coffee with milk** qawe u şîr
coins parey asin
cold sard; **cold water** awî sard; **I am cold.** Min sermame.; **head cold** hellamet; **I have a cold.** Min sermam bûe.
colleague hawkarme
college kolêc
color rreng
comb şane
combine harvester ber u bûmî têkell
come hatin; **come in!** were jûrewe!
command fermandan; berrêwebrdin
commission beşe sûd; komîşin
companion yawerme
compass qîblenima
computer kompyuter
concert ahengî goranî;

concert hall hollî ahengî goranî; hollî konsêrt
condemn nefret dekat; serzenişt dekat
condom kondom
conference room jûrî konfrans
conquer dagîr krdin
constitution destûr
consulate sefaret
consultant rrawejkar
contact lenses a'edesey lasiqe; **contact lens solution** pak kerewey a'edesey lasiqe
convoy karwan
cook lênan
cooker tebax
cool fênik
copper mis
copy *noun* kopî; *verb* le berî denûsêtewe
corn genmeşamî
corner ser sûç; sûç
corruption bertîl xwardin
cotton pemû; loke
cotton wool lokey tîmarkarî
count *verb* dejmêrêt
coup d'etat înqîlab
cow manga
crab qirjall
crayon qellemî boye
credit kredit
credit card kredit kart; kartî banq
cricket *game* krîkit; *insect* sîsrkî rreş
crime tawan; cerîmet
criminal tawanbar
crisis teng u çelleme; tengane
crops dexhll u dan

c – *j*am, ç – *ch*urch, j – lei*s*ure, ş – *sh*ut, x – lo*ch*, xh – *gh*

crossroads

crossroads çwar-rra; teqatua
crow qele rreş
crystal krîstal
cucumber xeyar
cultivate kiştukall krdin
cupboard kewanter
currency draw
customs *at border* gûmrig

D

dagger xencer
dam sed; berbestî aw
dancing sema krdin
danger metrsî
Danish Danimarkî
dark tarîk
date berwar; **date of birth** rrojî le dayk bûn; **date of arrival** berwarî geyştin; **date of departure** berwarî rroîştin
daughter xûşik
dawn berebeyan; şebeq
day rroj
daytime be rroj
death mrdin
debt qeriz
decade de sall
December Kanunî Yekem
deer asik
defeat *noun* şkistî; *verb* şkistî hênan
delay dûakewtin
democracy dîmukrasîyet
dentist dansaz
deodorant laberî bonî naxoş
department store kogay gewre
departures *at airport* şwênî cêhêştin

desert byaban
designer nexşekêş; dîzayner
desk mêz
dessert şîrînî
destroy têkdan; rruxandin
detonation teqînewe
diabetes: I have diabetes. Min şekrem heye.
diarrhea sikçûn
dictator dîktator; zordar
dictatorship dîktatoryet; zordarî
dictionary ferheng
die mrdin
difficult quris; zeh'met
digital dîcîtall
dinner nanî eware
diplomat dîplomasî
diplomatic dîplomasî; **diplomatic ties** peywendî dîplomasî
dirty pîs
disabled kem endam
disaster karesat
disco dîsko
discussion lêdwan; bas krdin
disease nexoşî
displaced person kesêkî rragwêzraw; **displaced persons/people** xellke rragwêzrawekan
district nawçe
divide dabeşî dekat
division dabeş krdin
divorced tellaq draw
dizzy gej
do krdin
doctor diktor; pzîşik
dog seg
dollar dolar
donkey ker
door derga; **door lock**

a – father, e – man, ê – pay, u – put, û – shoot

sûrxhî derga
double bed cegay dû kesî; qerwêlle dû kesî
dove kotir
down xwarewe
drawer çekmece
dress kras; a'ezî
dressmaker berg drû
drill drêl
drink *verb/noun* xwardinewe
drinking water awî xwardinewe
drive lêxûrrîn
drop: drop it! daynê!
drought wişkyî
drug *medical* derman; *narcotic* muxederat
duck qaz
Dutch Hollendî

E

eagle dall
ear gwê
earrings gware
earth *land* zewî; *soil* xak; xoll
earthquake bûmelerze
east rrojhellat
easy asan
eat xwardin
economist abûrîzan
egg hêlke
Egypt Mîsr
eight heşt
eighteen heşde
eighth heştem
eighty heşta
elbow enîşk
election hellbjardin
electrical goods store kogay kel u pelî karebayî

electricity kareba
elephant fîl
eleven yanze
email îmeyll
embassy ballwêzxane; sefaret
emergency exit derçûnî firyaguzarî
enamel mîna
end kotayî
enemy dujmin
engineer endazyar
England Îngltera
English *language* Înglîzî; *people* Înglîz
enough bes; tewaw; **that's enough** ewe bese; **not enough** bes nîye; beş nakat
entrance çûne jûrewe
entry: no entry çûne jûrewe qedexheye
envelope zerfî name
epidemic dirmîye; sarî
eraser asantir
ethnic cleansing paksazî nejadî
ethnic minority rregezî kemayetî
euro yuro
Europe Eurupa
evacuate çoll krdin
evening êware; **in the evening** lay êwarewe
ewe merr; beran
exam taqîkrdinewe; îmtîh'an
excess baggage barî zyade
exchange gorrînewe
excluded derkrawe; dûrxrawetwe; derhênrawe
exercise book ktêbî rrahenan

c – *j*am, ç – *ch*urch, j – lei*s*ure, ş – *sh*ut, x – lo*ch*, xh – *gh*

exhibition pêşanga
exile menfa; dûre wllatî
exit derçûn
expensive gran
explain şî dekatewe
explode teqînewe
express postî yan şemen-deferî xêra
extension (number) êks-tênşin (bo jimarey telefon bekar dêt)
extra zyade
eye çaw
eyeglasses çawîlke

F

face dem u çaw
factory karxane; **worker** krêkarî karge
failure şkistî
falcon baz
fall kewtin
fallowland zewî h'esawe
false helle
family xêzan
famine wişkyî
fan to keep cool panke
far dûr
farm kêllge; bêstan
farmer cûtyar
farming cûtyarî
Farsi Farsî
father bawk
fax faks; **fax machine** amêrî faks
February şubat
feed an animal alîk dan be ajell
feeding station wêstgey xwardin
felt-tip pen qellemî caf
female mê
fender dea'amîye

ferret corêkî pşîleye
ferry kellek
fertilizer peyn
fever lerz u ta
field kêllge
fifteen panze
fifth pêncem
fifty penca
fighter cengawer; şerrker
file paper/computer faylî kaxhez/kompyuter
filmmaker derhênerî flîm
finger pence
fire agir; **May we light a fire?** Detwanîn lêre agir bkeynewe?
firewood çîlkey agir krdinewe
first class derece yek
first yekem
fish masî
five pênc
flash flaş
flea(s) kêç
flock rewe; mêgel
flood lafaw
flour ard
flu hellamet
fly insect mêş
folk dancing semay folk-lorî
folk music mosîqay folk-lorî
food xwardin; **food poisoning** jehrawî bûn be xwardin
foot pê
football dû gollî; topî pê
foothills grdî damên şax
footpath rrêçke
forest daristan
fort qella
forty çil
forum menber; mînber

a – father, e – man, ê – pay, u – put, û – shoot

forwards bodwawe
four cwar
fourteen çwarde
fourth çwarem
fox rrêwî
France Ferensa
free *adjective* serbest;
 verb serbest krdin
freedom serbestî
freezing bestellek; zor
 sard
French Ferensî
french fries petatey
 sûrewkraw
fresh fênik
fresh taze; **fresh fruit**
 mîwey taze; **fresh fish**
 masî taze
Friday Heynî; Cuma'
fridge yexçal; selace
friend hawrrê
frog boq
from: **from Iraq** le
 A'eraqewe; **Where
 are you from?** To xelkî
 kwêyt?; **I am from...**
 Min xelkî ...-m.
front pişt; **in front of**
 pêşewe; pêş; le peşew
frost bestellek
fruit mîwe
fruit juice şerbetî mîwe
fuel sûtemenî
funeral matemînî; tea'zîye
furrow hêllî cût
future dahatû

G

gallon gallon
garden bax
gas gaz; **gas canister** qutî-
 ley xhaz
gazelle asik

general jenrrall
genitals endamî zaw u zê
geography cuxhrafya
Georgia Corcîa
Georgian Corcî
German Ellmanî
Germany Ellmanya
germs mikrob
get wergrtin; henan
girl kiç
give pêdan; **to give birth**
 mindall bûn
glacier heresî befir
gloves destkêş
glue ketîre; sîkotîn
go çûn; **go!** brro!
goal goll
goat bzin
gold alltûn; zêrr
golf gollf
good baş; xoş
goodbye! xwah'afîz!
goose qazî mêye
government h'ukmet
gram gram
grammar rrêzman
grandfather bapîr
grandmother dapîre; ne-
 nik
grape trê
grass gya
grasshopper megezêkî
 gyaye
grateful: I am grateful.
 Supast dekem.
gravel çew
green sewiz
greengrocer dukanî sewze
 froş
grenade rrumane; narin-
 cok
grind harrîn
grow geşe krdin; **grow
 crops** dexhll u dan

c – *j*am, ç – *ch*urch, j – lei*s*ure, ş – *sh*ut, x – lo*ch*, xh – *gh*

gewre krdin
guerrilla gerrîla; partîzan
guest mîwan; **guest speaker** mîwanî qiseker
guesthouse mîwanxane
guidebook ktêb yan perrtûkî rrênmayî
gun demançe

H

hair qij
hairbrush filçey qij
haircut: I'd like a haircut. Qij brrînêkm dewêt.
hairdresser qij brr
hairdryer qij ûşik kerewe
half: one-half nîwe; yek le ser dû
hammer çekuş
hand dest
handbag cantay dest
handicraft îşî dest
handle desk
handset deskî telefon
happy dilxoş; **I am happy.** Min dllim xoşe.
hardware store mexzenî mekayn
harvest dirwêne; drew; ber u bûm
hat kllaw
have hebûn
hawk baz
hay pûş; ka
haystack kellekey pûş
he ew
head ser
headache: I have a headache. Min ser êşem heye.
health leş saxhî
hear gwêgrtin
heart dill

heart attack nexoşî westanî kit u prrî dill
heat germa
heavy qûris
hedgehog jîşik
helicopter helîkopter
help yarmetîdan; **help!** yarmetî!; **help me!** yarmetim bide!
hen mrîşik
herd mêgel; rran
here êre; **Here is/are ...** Emeta/Eweta...
high beriz
hill gird
Hindi Hîndî
Hindu Hîndu
history mêjû
hit lêdan
H.I.V. bektryay aîdz
hockey hokî
holidays katî pşû; a'utlle
home: at home le mall
homework wezifeyî mall
honey hengwîn
hood of car bonît
horse esip; **horse and cart** esip u a'erebane; **horse racing** pêşbrkêy esip; **horse riding** esip swarbûn
hose sonde
hospital xestexane; nexoşxane
host mîwandar
hostage barimte; esîr
hot gerim; **spicy** tû; **very hot** zor gerim; **hot water** awî gerim; **hot: I am hot.** Min germame.;
hotel ûtêl
hotel industry pîşesazi ûtêl; pîşesazi mîwanxaneyî

a – father, e – man, ê – pay, u – put, û – shoot

hour sea't; katjmêr
house xanû
how? çon?; **how far?** çend dûre?
human rights mafî mrov
humanitarian aid komekî mirovayetî
hundred sed
hungry: I am hungry. Min birsîme.
hurry: I am in a hurry. Min peleme.
husband mêrd
hygiene pakî

I min
ice seholl; **ice ax** seholl şkên
ice-cream aîs krêm
illiterate nexwendewarî
imam îmam
important gring; **It's important.** Gringe.
in le naw; **in Arbil** le nawi Hewlêre
included têxrawe
independence serbexoyî
independent serbexo; **independent state** dewlletî serbexo
India Hind
Indian Hîndî
industrial estate nawçey pîşesazî
infection îltîhab
information zanyarî; **information bureau** bîroy zanyarî
ink merekeb
insect megez; **insect bite** megez gestin; **insect repellant** dermanî mêş u megez
insecticide megez-kûj
insurance tei'mîn
international cîhanî; **international flight** frrînî cîhanî; **international operator** fermanberî bedaley cîhanî
internet înternêt; **internet café** internêt kafêke
invade pelamardanî wllatêk; dagîr krdin
Iran Êran
Iranian Êranî
Iraq A'êraq
Iraqi A'êraqi
Ireland Êrlenda
Irish Êrlendî
iron asin; *for clothing* ûtû
irrigation awdan; awdêrî
Israeli Îsraî'ylî
it ew
I.T. kompyuter
Italian Îtallî
itching xuran

jack *for car* ceg
jacket çaket
January Kanunî Dûhem
Japan Yaban
Japanese Yabanî
jaundice zerdûyî
jaw şewîlag
jeans jîns; kawbo
Jew; Jewish Cûleke
jewellery xşill; zêrr u zîw
journalist rrojnamenûs
judge dadwer
juice mîwe; **fruit juice** şerbetî mîwe
July Temûz

c – *j*am, ç – *ch*urch, j – lei*s*ure, ş – *sh*ut, x – lo*ch*, xh – *gh*

June

June H'uzeyran

K

kebab kebab
kettle kitrî; kitlî
key klîl
kidney gurçîle
kill kûştin
killer pyaw-kûj
kilogram kîlogram
kilometer kîlometir
king paşa; şa
knee ejno
know someone nasîn;
  something zanîn; **I
  know.** Min dezanim.;
  I don't know. Min
  nazanim.
Kurd Kurd
Kurdistan Kurdistan
Kuwait Kwêt
Kuwaiti Kwêtî

L

ladder peyje
lake deryaçe
lamb berx; **lamb meat**
  goştî berx
lamp çira
landslide darûxanî la gird
  yan şaxêk
language ziman
last dûa; dûatrîn
laundry cil ştin; **laundry
  service** xizmetî cil ştin
law yasa; **law court**
  dadgay yasayî
lawyer parêzer
laziness temelli
leader pêşewa
leaf gella

learn fêrbûn; **to learn by
  heart** derxî dekat
leather çerim
Lebanese Lubnanî
Lebanon Lubnan
left çep; **on the left** lay çep
left-wing çep rrew
leg qaç
leisure industry pîşesazî
  h'esanewe
lemon; lime lîmo
lens a'edese
lentils nîsk
leopard corêkî pllinge
less kemtir; **more or less**
  kem u zor
lesson wane
liberate azad krdin
liberation azadkrdin
liberty azadî
library ktêbxane
lie *untruth* dro
lieutenant mulazim ewel;
  lieutenant-colonel mu-
  qedem; **lieutenant-
  general** ferîq
life jyan
lift! berzî kerew!
light *noun* sûk; *bulb*
  gllopêk; **light meter**
  pêwerî rroşnayî; **May
  we light a fire?** Det-
  wanîn lêre agir
  bkeynewe?
like: I like... Min h'ezim.../
  H'ez dekem...; **I don't
  like...** Min h'ez
  nakem...
limbs dest u qaç
line xet; hêll
lion şêr
lip lêw
lipstick sûraw
liter lîtr

a – father, e – man, ê – pay, u – put, û – shoot

literature wêje; edeb
live *verb* jyan
liver iger
livestock merr u mallat
lizard marmêlke
local xomallî; nawçeyî; **a local shop for local people** dûkanî gerek bo xelkî gerek
loose change wirde
loot tallan krdin; ferhûd krdin
lose le destdan; dorrandin
louse/lice espê; rrşik
love xoşewîstin
low nzim
lower house encumenî xwarû
lunch nanî nîwerro
lung sî

M

machine mekîne
machine-gun rreşaş
magazine govar
mailbox sinûqî name
main square meydanî serekî
maize genmeşamî
major-general jenerrallî gіştî
majority zorîne
make krdin
malaria melarya
male nêr
man pyaw
mango mango
manure peyn
many zor; **too many** zor zor; **how many?** çend dane jmerawş
map nexşe; **road map**

nexşey rrêga; **a map of Sulemaniya** nexşey Slêmanî
March Mart; Març
mare mayn
market bazarr
marketing bazarrgerî
marriage jin henan *for man*; sûkrdin *for woman*; xêzan pêkhenan *for both*
married: **I am married.** *said by man* Min jinim hênawe.; *said by a woman* Şum kirduwe.
marsh horr; zelkaw
martyr şehîd
mascara maskara
match yarî
maths matmatîk; bîrkarî
matter: **It doesn't matter.** Pewîst nakat.
mattress h'esîr; rraxer
May Maîs
maybe ballku
meadow perêz; mêrg; qersîl; zewî sewiz
meals jemî xwardin
meat goşt
mechanic mîkanîkî; fîter
meet bînîn; kobûnewe
meeting kobûnewe
melon kalek
member of parliament endamî perleman
memory bîr; zakîre
menu qai'îmey xûardine
mercenary caş
metal kanza
meter metir
microscope mîkroskob; zerrebîn
midnight nîwe şew
mile mîl

c – *j*am, ç – *ch*urch, j – lei*s*ure, ş – *sh*ut, x – lo*ch*, xh – *gh*

military

military *adjective* serbazî; **military academy** qûtabxaney serbazî; **military university** kolêjî serbazî
milk *noun* şîr; **to milk an animal** şîr dadoşîn
mill aş; dest-harr
miller aşewan
million mlîon
millstone berdî aş
mine *noun: mineral* luxhum; *explosive* mîn; **mine detector** mîn dozerewe; mîn hellgirewe; **mine disposal** mîn hellgirtinewe; **to lay mines** mîn danan; mîn daçandin; **to hit a mine** mîn berkewtin; **to clear a mine** mîn pak krdinewe; **antipersonnel mine** mînî dije xellik; mrovkûj
minefield kêllgey mîn
mineral water awî srûştî; awî ma'denî
minister wezîr; şalyar
ministry wezaret
minority kemîne; **minority vote** dengî kemîne
minute deqîqe; xulek
mirror awêne
missile mûşek; sarrux
misty tem u mij
mobile phone telefonî destî; mobayel.
modem modêm
monastery dêre
Monday Dû şemme
money pare
monkey meymûn
month mang

monument şwênî yadwerî; tezkarî
moon mang; **new moon** mangî taze; **full moon** mangî çwarde şew
more zyatir; **more or less** kem u zor
morning beyanî; **in the morning** lay beyanîyewe; **yesterday morning** dwênê beyanî; **this morning** em beyanîe; **tomorrow morning** sbeynê beyanî
mortar *weapon* hawen
mosque mizgewt
mosquito mêş; **mosquito bite** gazî mêş; **mosquito net** tûlî mêş; **mosquito repellent** dermanî mêş
mother dayk
motorbike matorr
mountain şax; **mountain pass** şwênî rrê krdinî şax
mouse mşik
mouth dem
mouthwash xerxere
move: **do not move!** necûllêyt!
much zor; **too much** zor zor; **how much?** çend?
mule êstir
multiplication lêkdan
multiply lêk dedat
munitions zexîrey şerr; zexîrey h'erbî
murder pyaw-kûj
museum mozexane
music mosîqa
Muslim Mûsullman
mustache smêll
mustard xerdel

a – father, e – man, ê – pay, u – put, û – shoot

N

nail bizmar
nail-clippers nînoker
name naw
nappy daybî; **I need to change my baby's nappy.** Ebê minalekem bigorem.
narrow tesk
nationality nasnamey nîştimanî; qewmîet
natural disaster karesatî srûştî
navy hêzî deryayî
near nzîk; **how near?** çend nzîke?
neck mil
necklace milwanke
necktie boynbax
needle derzî
nephew braza
Netherlands Hollenda
neutral drive boş
new taze
New Year Newroz
New Zealand Nîwzîlenda
newspaper rrojname; **a newspaper in English** rrojname be Înglîzî
next dahatû
niece xûşkeza
night şew; **yesterday night** dwênê şew; **tomorrow night** sbey şew
nightclub yaney şew
nightingale bulbul
nine no
nineteen nozde
ninety newet
ninth nohem
no nexêr!; **no entry** çûne

jûrewer qedexheye; **no smoking** cigere kêşan qedexheye
noise; noisy denge deng
noon nîwerro
north bakûr
nose lût
notebook perrtûkî têbînî
novel rroman; **novels in English** rroman be Înglîzî
November Tşrînî Dûhem
now êsta
nuclear power çekî etomî
nurse sister; muzemîd

O

objective amanc
o'clock: What time is it? Sea'at çende?; **It is ... o'clock.** Sea'at ...e.
October Tşrînî Yekem
office ofîs; fermange
officer efser; **office worker** fermanberî ofîs
oil rron
O.K.: Is everything O.K.? Hemû ştêk tewawe?
okra bamê
old *not new* kon; *not young* pîr; **old city** şarî kon
once carêk
one yek; **one-way street** cadey yek rrê
open *adjective* krawe; *verb* kirdnewe
operating theater/room jûrî neştergerî
operation *surgical* neştergerî
operator fermanberî bedale

c – *j*am, ç – *ch*urch, j – lei*s*ure, ş – *sh*ut, x – lo*ch*, xh – *gh*

opponent dij; beramber
opposite beramber
opposition opozîsyon;
    mua'areze
or u
orange prteqall
orchard bêstan
Orthodox Christian Orso-
    doksî Mesîh'î
ounce msqal
out derewe
overcoat pallto
owl kûnepepû
ox ga
oxygen oksicîn

P

padlock qufill
page laperre
pain ranj
painkiller h'ebî azar
paint boye
palace koşik; telar
palm tree dar xurma
paper kaxhez; piece of
    paper parçe kaxhzê
parachute perreşût
parcel henarde; parçe
park baxî giştî
parking lot geracî krawe
    bo seyare rragirtin
parliament perleman
parrot tûtî; bebexha
partridge kew; qetê;
    swêske
party festivity aheng;
    şayî; political party
    partî
pass an exam derçûn le
    taqî krdineweyek
passport pasport; pass-
    port number jmarey
    pasport

past rraburdû
pasta mea'keroni
patrol h'esh'es; pasewanî
    gerrok
peace aştî; to make
    peace sullih' krdin;
    aştbûnewe
peace-keeping troops
    hêzî asayş rragirtin
peach qox
peacock tawis
peak lûtke; tropk
peas bezalya
pen pênûs; qellem
pencil qellemî rresas
penknife çeqoyekî bçûk
people xellik
pepper bîber
perfume bonî arayş; a'etir
perhaps ballku
person kes
personal şexsî; kesî
personnel fermanber
petrol benzîn
pharmacy dermanxane
photocopier amêrî foto-
    kopî
photocopy fotokopî
physiotherapy çareser
    krdinî srûştî; a'îlac
    tebîa'î
pickax paç
pick-up truck hell-
    grtinewe; hellgrtin
piece: piece of paper
    parçe kaxhzê
pig beraz
pigeon kotir
pillow serîn
pilot frrokewan
pineapple enenas
pink pemeyî
pistachio fistiq
pistol demançe

a – father, e – man, ê – pay, u – put, û – shoot

pitch helldanî top le yarî-da
place of birth şwênî le dayk bûn
plain(s) destî; deştayî
plane frroke
plank texte darî estûr
plant *noun* rrûek; *verb* rrûek rrûandin
plaster *Elastoplat* plaster
plastic baxhe; plastîk
platform jimare; platform number jimarey seko
please! tkaye!
plow *verb* zewî hellkendin
plug *electric* plak
plum hellûje
pocket gîrfan
podium sekoy qise krdin
police polîs; jandarm; police station polîsxane
political syasî; political rally kobûnewey xellkêkî zor bo piştîwanî krdin le brrwayekî syasî
politician syasî
politics rramyarî; syaset
pomegranate henar
pony core espêkî bçûke
pop music mosîqay pop
portable T.V. televizîonî destî
Portuguese Purtugalî
possible reng
post office postxane; dai'îrey berîd
postcard kart
potato petate
pottery fexfûrî; goze
poultry dewacin; mrîşk u melî mallî

pound *weight/currency* pawen
P.O.W. camp kempî zîndanekanî ceng
powder podre
pregnant: I'm pregnant. Min skim heye.; Min dû gyanim.
present katî esta
president serok
prime minister serokî wezîran
printer prînter
prison zîndan
prisoner dîl; zînadan; to take prisoner be dîlgrtin; bendkrdin
prisoner-of-war zîndanî ceng; & see P.O.W.
probably lewaneye; rrenge
problem: no problem! kêşeyek nyîe!
profession şarezayî; mihne
program *computer* program
progress pêşkewtin
projector placiktor; procêkter
protest xopîşandan
pub meyxane
pumpkin kûlekey gewre
punish siza deda
pupil qûtabî
purple mor
pursue gerran bedwada; dwakewtin; taqîbkrdin

Q

quarter: one-quarter çwar yek; yek le ser çwar
question prsyar
quick xêra
quiet bêdengî; **Keep**

c – *j*am, ç – *ch*urch, j – lei*s*ure, ş – *sh*ut, x – lo*ch*, xh – *gh*

rabbit

quiet! Bê deng be!

R

rabbit kerwêşik
rabies nexoşî harî (le segewe tûşî debît)
radio rradîo
radio station istgaî rradîo
raid hêrşêkî kt u pirr
railway hellî şemendefer
rain baran
ram beran; nêrey marr
Ramadan Remezan
range: mountain range zincîrey şax
rash xuran
rat circ
ravine kendêkî yan dol-lêkî tesk u qûll
razor gwêzan
razorblade mekîney rrîş taşîn
reactionary *adjective* kardanewe
read dexwênêtewe; xwên-dnewe
ready: I am ready. Min amadem.; When will it be ready? Key ama-de debêt?
reap dirwêne krdin; drûne krdin
receipt bellgey nûsrawî krrîn
record tomar krdin
red sûr
Red Crescent Hilalî Sûr
Red Cross Xaçî Sûr
referee h'ekem
refugee penaber; pena-hende; refugees pen-aberan; penahendan

refugee camp kempî penaber
regiment betalyon; fewc
registered mail henarde yan namey tomar kraw
reinforcements pştîwanî krdin
relative xzimme
relief aid komekî frya-guzarî
religion aîn; dyanet
repeat dûbare dekatewe
report rraport
reserved gîrawe
resist bergrî krdin; xorra-grtin
rest wiçan; without rest bê wiçan
restaurant çêştxane
retail industry pîşesazî take froşî
retreat paşekişe; kişan-dinewey leşkir
reverse pêçkrdinewe
revolution şorriş
rice brinc
rifle tifeng
right rrast; on the right lay rrast; You are right. To rrast dekeyt.
right-wing rrast rrew; rrast
ring mistîle
river rrûbar; river bank demî rrûbar
road rrêge; rrê; road map nexşey rrêga
roadblock rrêga gîran
robbery dzî; zrrûtkrdi-newe
rock berdêk; rocks berdekan

a – father, e – man, ê – pay, u – put, û – shoot

rocket mûşek; sarrux
rocket-launcher mûşek hellder
room jûr; **room number** jimarey jûr; **room service** xizmetî jûr
rooster kelleşêr
root rreg
rope gurîs; pet
rosary gûllî destkird
rubber lastîk; **eraser** lastîkî xet kûjanewe
ruble rrobll
rugby regbî
ruins paşmawey xanû yan şwênêk
ruler *instrument* rraste
run rrakrdin
rye core danewêlleyeke wek co wehaye

S

sack kîse
sad: **I am sad.** Min xhamgînim
safety asûdeyî
safety pin derzî sincaq
salad zellate
salary rratib
sales froştin
salt xwê
salty swêr
samovar semawer
sand lim
sandwich lefe; sandwîc
sanitary towels santî
satchel cantay şan bo ktêb u perrtûk
satellite dish sajî setelayt
satellite phone telefonî setelayt
satellite television tele-

vizîonî setelayt
Saturday şemme
saw mişar
scanner skaner
scarf refte
school qutabxane; mekteb
scientist zanyar; zana
scissors meqest
scorpion dûpşik
Scotland Skotlenda
Scottish Skotî
screw burxhû
screwdriver dernefîz
season weriz
seat kûrsî; **seat (in assembly)** kursî (le encumenda)
second *noun* çrke; sanye; *adjective* dûhem; **second class** derece dû
secret police polîsî nhênî
secretary skirtêr
see bînîn
seeds tou; dan
sell frroştin
September Eylul
session mawey kobûneweyek
seven h'ewt
seventeen h'evde
seventh h'ewtem
seventy h'afta
shampoo şampo
shaving cream krêmî rrîş taşîn
she ew
sheep merr
sheet çerçef; **of paper** perrey kaxhez
shell *military* gûle top
shelter dallde; pena; **to**

take shelter dalldedan
Shi'i şîa'e
shirt kras; qemîs
shoe(s) pêllaw; qonere; to shoe a horse nall krdinî esip; shoe shop dukanî pêllaw
shoot: don't shoot! teqe meke!; to shoot down teqe lêkrdin
shop dukan
shoulder şan
shower dûş; şawer
shrapnel parçey mîn yan qumbele
shut adjective daxrawe; verb da xistin
sick nexoş
sickle das
side per
siege abllûqedan
sign nîşane
signature îmza
Sikh Sîxh
silence bêdengî
silkworms krmî awrîşim
silver zîw
sim card sîm kard
sister xûşik
sit danîştin
six şeş
sixteen şanze
sixth şeşem
sixty şest
skiing skîy; yarî ser befir
slate qellemî rreş
sleep xewtin
sleeping bag kîsey xew
sleeping car ûtumbêlî nûstin
sleeping pills h'ebî xew
sleepy: I am sleepy. Min xewim dêt.
slope nşêw; lêjî

slow hêwaş
small biçûk
smallpox awlle
smell verb bon krdin
snack xûardinêkî sûk yan kem
snake mar; snake bite Mar gestin
snow befir
soap sabûn
socialism soşyalî
socialist soşyalîst
socks gorewî
soil earth xak; xoll
soldier(s) sêrbaz
son kûrr
sorry! bedaxewe!
soup şorba
sour triş
south başûr
sow tow daçandin
spade xakenaz
Spain Îspanya
Spanish Îspanî
spanner îspane
spare zyade; spare tire tayey spêr
sparrow çoleke
speak qise krdin; Do you speak English? Aya Înglîzi qise dekeyt?; Do you speak Kurdish? Aya Kûrdî qise dekeyt?; I speak a little... Min tozêk qise be... dekem.; I don't speak... Min nazanim be... qise bkem.
speaker qiseker
speed xêrayî
spell: How do you spell that? Ewe çon h'ûnce dekeyt
spices dau u dermanî

a – father, e – man, ê – pay, u – put, û – shoot

çeşt; beharat
spicy *hot* tûn
spider callcalloke
spinach spênaxh
sponge îsfenc
spy casus; sîxurr
squash *sport* skwaş
squirrel smore
stadium mela'eb
staff *people* karmend
staircase nerdîwan
stale kon
stallion esip
stamp pûl
stand *verb* be pêwe westan
star estêre
start *verb* destpê krdin
station wêstge; mih'ete
stationer's shop qirtasye
statue peyker
steel stîl
steering wheel wîl
stethoscope amêrî fehis krdinî nexoş
stomach gede; ma'îde
stone berd
stop westan; **stop!** boste!; **don't stop!** meweste!
stove zopa
straight on rrast; rrêk
straw ka; pûş
stream coge
street cade; kollan; şeqam
string dezû
strong be hêz
struggle têkoşan; xebatkrdin
student qûtabî
subject babetî xwêndin
submachine gun rreşaş
subtract lêy der dekat
subtraction derkrdin

suburb dewruberî şar; qeraxh şar
subway rrêgay hat u çoî jêr zemînî
success serkewtin
sugar şekir
suit qat
suitcase cantay sefer
sum yeksane
summer hawîn
summit tropk; lûtke
sun xor; hetaw
sunblock cream krêmî xor
Sunday Yek şemme
sunglasses çawîlkey xor
Sunni Sunî
sunrise katî rroj-hellatin; rroj-hellatin
sunset katî rroj-awabûn; rroj-awabûn
sunstroke be germa çûn; hetaw lêdanî zor
supermarket bazar
surgeon brînkar; cerah'
surgery *operation* neştergerî
surname nawi xêzan
surrender xobedestewedan; teslîmbûn
surround dewredan; ablluqedan
swamp zelkaw; qûrraw
sweater blus
sweet *adjective* şîrîn; **sweet potato** petatey sîrîn; *noun:* **sweets** şîrînî;
swimming mele; melewanî
Syria Sûrya
Syrian Sûrî
syringe srinc

c – *j*am, ç – *ch*urch, j – lei*s*ure, ş – *sh*ut, x – lo*ch*, xh – *gh*

table mêz
take brdin
talk qise krdin
tampons tampon
tank *armored* debabe;
 water tank tankî aw
tanker tenker
tape cassette şrît
tape-recorder tecîl
taste tam krdin
tasteless bê tam
tasty be tam
taxi teksî
tea ça; tea with lemon ça
 u lîmo; tea with milk
 ça u şîr
teach fêrbûn
teacher mamosta
team tîp
teeth dan
telecommunications pey-
 wendî telefonî
telephone telefon; tele-
 phone center binkey
 telefon; senterî telefon
telescope teleskob; dûr-
 bîn
television televizîon
television channel qenelî
 televizîon
telex brûske
ten de
tennis tênis
tent çadir; xêwet
tenth deyem
termite moraney dar u
 textey xanû bere
test *academic* taqî
 dekatewe
testify şayetî deda
thank you! supas!

that ewe
theater şano
theft dzî
there ewê; is there?/are
 there? aye?
thermometer germî pêw
these emane
they ewan
third sêhem; one-third
 sê yek; yek le ser sê;
 two-thirds dû le ser
 sê
thirsty: I am thirsty. Min
 tînume
thirteen syanze
thirty sî
this eme
those ewane
thousand hezar
three sê; three times sê
 car
throat qûrrg
throw helldan
thumb pence gewre
Thursday Pênc şemme
ticket office ofîsî blît
 froştin
tiger plling
tights gorewî tenkî jinane
time kat; What time is it?
 Sea'at çende?; It is ...
 o'clock. Sea'at ...e.;
 three times sê car
timetable xiştey kat; cedol
tire taye; spare tire tayey
 spêr; tayey zyade
tired: I am tired. Min
 mandûm
tiredness mandûyî
tissues desrrî kaxhez
to: to Iran bo Êrân
today emrro

a – father, e – man, ê – pay, u – put, û – shoot

understand

toe pencey qaç
together: All together!
Hemûy beyekewe!
toilet(s) awdest; awdestx-
ane; twalêt
toilet paper desrrî twalêt/
awdest
tomato temate
tomb gorr
tomorrow sbeynê; bey-
anî; the day after
tomorrow dû sbey; dû
beyanî
ton; tonne ten
tongue zman
tonight em şew
too zor; too much zor
zor; too little zor kem
tooth danekan
toothbrush filçey danştin
toothpaste dermanî dan-
ştin
top ser
tourism geşt u guzar;
geştyarî
tourist geşteyar; seyranker
tow rope gûrîsî ûtumbêl
rrakêşan
towel xawlî
tower burc
town şar; town center
naw cergey şar
tracer bullet fîşekî girrdar
tractor traktor
trade union yekêtî bazir-
ganan
traditional kon; teqlîdî;
mîlî
train şemendefer; qîtar;
train station wêstgey
şemendefer; mih'etey
qitar

tranquilizer muhedî'
transformer mh'ewîle
translate werdegêrrêt
translation wergêrran
translator ziman wergerr
trap telle
travel noun safar; verb
safar kirdin; travel agent
nûsîngey geşt u guzar
treasury darayî
tree dar
troops hêzî çekdar
trousers pantoll
truce agirbest; hudne
true rast
trunk of car piştî ûtum-
bêl; snûqî seyare; of
tree naw qedî dar
truth rastî
Tuesday Sê şemme
Turk Tûrk
turkey qel
Turkey Tûrkîa
turn: Turn left. Be deste
çepda pêç kerewe.;
Turn right. Be deste
rrastda pêç kerewe.
twelve dwanze
twentieth bîstem
twenty bîst
twice dû car
twins dûane
two dû
tyre taye; spare tyre
tayey spêr/zyade

U

umbrella çetir
uncle maternal xall;
paternal mam
understand: Do you

c – jam, ç – church, j – leisure, ş – shut, x – loch, xh – gh

unexploded

understand? Têde-geyt?; **I understand.** Têdegem.; **I don't understand.** Tênagem.

unexploded: unexploded ammunition teqemenî neteqyû; **unexploded bomb** bombî neteqyû; topî neteqyû; **unexploded ordnance** cbexaney neteqyû

unhappy xhemgîn

uniform hawclî; zey mueh'ed

United Nations Netewe Yekgirtwekan

university zanko

up serewe

upper house *parliament* encumenî balla

U.S.A. Ûllate Yekgirtûekanî Amrîka

V

valley doll; şîw; kend

varnish warnîş

vegetables sewze

vegetable shop dukanî sewze

vein demar

venereal disease nexoşî endamekanî zaw u zê

very zor

veto vîto

victory serkewtin

video-player vîdîo

videotape şrîtî vîdîo

view dîmen dê; lade; gûnd

vine darî trê

vinegar sirke

violence şerr

viper core marêkî jahrawîye

virus vayros

visa vîse

voltage regulator rrêkxerî volltye

vomiting rrşanewe

vote *noun* deng

vote-rigging fêllkrdin le hellbjardinda

voting dengdan

vulture dall

W

waist kemer

wake up le xew hestan

Wales Wayllz

walk pyase krdin; rroîstin

walnut gwêz

want wîstin; **I want...** Min demewê...; **I don't want...** Min namewê ...

war şer; ceng

warm germ

washing powder tayt

wasp zerdewalle

watch *noun* sea'atî dest; *verb* çawdêrî krdin

watchmaker's dûkanî sea'atçî

water aw; **mineral water** awî srûştî; **water bottle** cewene; **Is there drinking water?** Awî xwardinewe heye?

waterfall şelal

watermelon şûtî

way: this way lêrewe; **that way** lewêwe

---

a – father, e – man, ê – pay, u – put, û – shoot

we ême
weak lawaz
weapon çek; cekemanî
weather aw u hewa; cew
Wednesday Çwar şemme
week hefte; **last week** heftey pêşû; **this week** em hefteye; **next week** heftey dahatû
weigh sengan
welcome! bexêrben!
well *adverb* leş saxh; *healthy* xoş; *noun: of water* bîr; karêz; *health* **I am well.** Min başim.
Welsh Wayllzî
west rrojawa
what? çî?; **what's that?** Ewe çîye?
wheat genim
wheelchair kûrsî kem endam
when? key?
where? kwê?; **where is/ are ...?** ... le kwêye?
which? kame?/kameyan?
white spî
who? kê?; **who are you?** to kêyt?
why? boçî?
wide pan
wife jin; xêzan
win birdnewe
wind bayek; **hot wind** bayekî gerim
window pencere
windshield; windscreen camî pêşewe
windshield wipers; windscreen wipers fillçey seyare

windy ba; rreşeba
winter zistan
wipe clean şirrînewe
wire wayer; **barbed wire** telî alloskaw
wolf gurg
woman jin
womb mindalldan; rre-h'im
wood texte; dar; *group of trees* daristan
wool xurî
work *noun* îş; *verb* îş krdin
world cîhan
worm krim
wound brîndar krdin
wrench îspane
wrestling zoranbazî
wrist meçek
write nûsîn
writer nûser
wrong: **You are wrong.** To helleyt.

Y

yard *measurement* yard; gez
year sall; **last year** par; **this year** em sall; **next year** sallî aynde/ dahatû
yellow zerd
yes bellê!
yesterday dwênê; **the day before yesterday** pêrê
yogurt mast
you *singular* to; *polite/ plural* êwe
young genc

c – *j*am, ç – *ch*urch, j – lei*s*ure, ş – *sh*ut, x – lo*ch*, xh – *gh*

Z

zero sifr

zoo baxçey ajell
Zoroastrian Zerdeştî

a – father, e – man, ê – pay, u – put, û – shoot

SORANI
Phrasebook

1. ETIQUETTE

Hello!	**Roj baş!**
How are you?	**Çonît?**
Fine, thanks!	**Başm, supas!**
Pleased to meet you!	**Pêxoşh'al bûm be nasînit!**
Goodbye!	**Xwah'afîz!**
See you later!	**Dwayî detbînmewe!**
Please!	**Tkaye!**
Thank you!	**Supas!**
Thank you very much!	**Zor supas!**
Not at all!	**Şayanî nîye!**
Excuse me!	**Be yarmetît!**
Sorry!	**Bibûre!**
Congratulations!	**Pîroz bêt!**
Welcome!	**Bexêrben!**
Bon voyage!	**Geştêkî xoş!**

2. QUICK REFERENCE

yes	**bellê**
no	**nexêr**
I	**min**
you *singular*	**to**
he/it	**ew**
she/it	**ew**
we	**ême**
you *polite/plural*	**êwe**
they	**ewan**
this/these	**eme/emane**
that/those	**ewe/ewane**
here	**êre**
there	**ewê**
is there?/are there?	**aye?**
where is/are ...?	**… le kwêye?**
where?	**kwê?**
who?	**kê?**
what?	**çî?**
when?	**key?**
which?	**kame?/kameyan?**
how?	**çon?**
why?	**boçî?**
how far?	**çend dûre?**
how near?	**çend nzîke?**
how much?	**çend?**
how many?	**çend dane?**
what's that?	**ewe çîye?**
very	**zor**
and	**-u/-w**
or	**-u/-w**
but	**bellam**

a – father, **e** – man, **ê** – pay, **u** – put, **û** – shoot

I like...	**Min h'ezim ...** *or*
	Min h'ez dekem ...
I don't like...	**Min h'ez nakem ...**
I want...	**Min demewê ...**
I don't want...	**Min namewê ...**
I know.	**Min dezanim.**
I don't know.	**Min nazanim.**
Do you understand?	**Têdegeyt?**
I understand.	**Têdegem.**
I don't understand.	**Tênagem.**
I am sorry (to hear that).	**Bedaxewe (ke ewem bîst).**
I am grateful.	**Supast dekem.**
It's important.	**Gringe.**
It doesn't matter.	**Pewîst nakat.**
No problem!	**Kêşeyek nyîe!**
more or less	**kem u zor**
Here is/are...	**Emeta...**
There is/are...	**Eweta...**
Is everything OK?	**Hemû ştêk tewawe?**
Danger!	**Metrsî!**
How do you spell that?	**Ewe çon h'ûnce dekeyt?**
I am ...	**Min ...**
I am cold.	**Min sermame.**
I am hot.	**Min germame.**
I am sleepy.	**Min xewim dêt.**
I am hungry.	**Min birsîme.**
I am thirsty.	**Min tînume.**
I am angry.	**Min tûrrem.**
I am happy.	**Min dllim xoşe.**
I am sad.	**Min xhamgînim.**
I am tired.	**Min mandûm.**
I am well.	**Min başim.**

c – *j*am, ç – *ch*urch, j – lei*s*ure, ş – *sh*ut, x – lo*ch*, xh – *gh*

3. INTRODUCTIONS

What is your name?	**Nawt çîye?**
My name is...	**Nawm ...-e.**
This is my...	**Eme ...**
friend	**hawrrême**
colleague	**hawkarme**
companion	**yawerme**
relative	**xzimme**

—Nationality

Kurdistan	**Kurdistan**
—Kurd	**—Kurd**
Iraq	**A'êraq**
—Iraqi	**—A'êraqi**
Iran	**Êran**
—Iranian	**—Êranî**
Syria	**Sûrya**
—Syrian	**Sûrî**
Turkey	**Tûrkîa**
—Turk	**—Tûrk**

Where are you from?	**To xelkî kwêît?**
I am from ...	**Min xelkî ...-m.**
America	**Emrîka**
Australia	**Ûsturalya**
Britain	**Berîtanya**
Canada	**keneda**
China	**Sîn**
Egypt	**Mîsr**
England	**Îngltera**
Europe	**Eurupa**
France	**Ferensa**

a – father, e – man, ê – pay, u – put, û – shoot

Germany	**Ellmanya**
India	**Hind**
Ireland	**Êrlenda**
Italy	**Îtalya**
Japan	**Yaban**
the Netherlands	**Hollenda**
New Zealand	**Nîwzîlenda**
Portugal	**Purtugal**
Scotland	**Skotlenda**
Spain	**Îspanya**
the USA	**Ûllate Yekgir-twekanî Amrîka**
Wales	**Wayllz**

I am ...	**Min ...-m.**
American	**Emrîkî**
Australian	**Usturalî**
British	**Berîtanî**
Canadian	**Kenedî**
Chinese	**Sînî**
Dutch	**Hollendî**
Egyptian	**Mîsrî**
English	**Înglîz**
French	**Ferensî**
German	**Ellmanî**
Indian	**Hîndî**
Irish	**Êrlendî**
Italian	**Îtalî**
Japanese	**Yabanî**
a New Zealander	**Nîwzîlendî**
Portuguese	**Purtugalî**
Scottish	**Skotî**
Spanish	**Îspanî**
Welsh	**Waylllzî**

c – *j*am, ç – *ch*urch, j – lei*s*ure, ş – *sh*ut, x – lo*ch*, xh – *gh*

Where were you born?	**Le kwe le dayk bûyt?**
I was born in...	**Min le ... le dayk bûm.**

—Regional nationalities

—Assyrian	**—Aşûrî**
—Jew	**—Cûleke**
Armenia	**Ermînya**
—Armenian	**—Ermînî**
Azerbaijan	**Azerbaycan**
—Azerbaijani	**—Azerbaycanî**
Georgia	**Corcîa**
—Georgian	**—Corcî**
Israel	**Îsraî'yl**
—Israeli	**—Îsraî'ylî**
Kuwait	**Kwêt**
—Kuwaiti	**—Kwêtî**
Lebanon	**Lubnan**
—Lebanese	**—Lubnanî**

—Occupations

What do you do?	**Îşî çî dekeyt?**
I am a/an...	**Min... -m**
academic	**ekadîmî**
accountant	**jmeryar**
administrator	**karmend**
aid worker	**komek kar**
architect	**endazyarî nexşan**
artist	**hûnermend**
banker	**drawkar**
business person	**karsaz**
carpenter	**dartaş**
civil servant	**fermanberî şaristanî; fermanberî medenî**

a – father, e – man, ê – pay, u – put, û – shoot

consultant	**rrawejkar**
dentist	**dansaz**
designer	**nexşekêş; dîzayner**
diplomat	**dîplomasî**
doctor	**diktor; pzîşik**
economist	**abûrîzan**
engineer	**endazyar**
factory worker	**krêkarî karge**
farmer	**cûtyar**
filmmaker	**derhênerî flîm**
journalist	**rrojnamenûs**
lawyer	**parêzer**
mechanic	**mîkanîkî; fîter**
nurse	**sister; muzemîd**
officer worker	**fermanberî ofîs**
pilot	**frrokewan**
scientist	**zanyar; zana**
secretary	**skirtêr**
soldier	**sêrbaz**
student	**qûtabî**
surgeon	**brînkar; cerah'**
teacher	**mamosta**
tourist	**geşteyar; seyranker**
writer	**nûser**

I work in...	**Min îş dekem le buarî ...**
advertising	**rrageyandin**
computers	**kompyuter**
insurance	**tei'mîn**
I.T.	**kompyuter**
the leisure industry	**pîşesazî h'esanewe; pîşesazî syah'et**
marketing	**bazarrgerî**

c – *j*am, ç – *ch*urch, j – lei*s*ure, ş – *sh*ut, x – lo*ch*, xh – *gh*

an office	**ofîs; fermange**
the retail industry	**pîşesazî take froşî**
sales	**froştin**
a shop	**dukan**
telecommunications	**peywendî telefonî**
tourism	**geştyarî**
the hotel industry	**pîşesazi ûtêl/ mîwanxaneyî**

—Age

How old are you?	**To temenit çende?**
I am ... years old.	**Min ... sallim.**

—Family

Are you married? *said to man*	**Jint hênawe?**
said to woman	**Şût kirduwe?**
I am single. *(never married)*	**Min zîgurtîm.**
I am married. *said by man*	**Min jinim hênawe.**
said by woman	**Şûm kirduwe.**
I am divorced.	**Min cyabûmetewe.**
I am widowed. *said by man*	**Min bêwepiyawm.** *or* **Min bêjinim.**
I am a widow. *said by woman*	**Min bêwejinim.**

How many children do you have?	**Çend mindallit heye?**
I don't have any children.	**Min hîç mindallim nîye.**
I have a daughter.	**Min kiçêkêkim heye.**
I have a son.	**Min kûrrêkim heye.**
How many sisters do you have?	**To çend xûşkit heye?**
How many brothers do you have?	**To çend brat heye?**

a – father, **e** – man, **ê** – pay, **u** – put, **û** – shoot

children	**mindall**
daughter	**xûşik**
son	**kûrr**
twins	**dûane**
husband	**mêrd**
wife	**jin; xêzan**
family	**xêzan**
man	**pyaw**
woman	**jin**
boy	**kûrr**
girl	**kiç**
person	**kes**
people	**xellik**

— Religion

What is your religion?	**Dyanetit çîye?**
I am (a)...	**Min ...-m.**
Muslim	**Mûsullman**
Sunni	**Sunî**
Shi'i	**Şîa'e**
Alevi	**Elewî**
Yezidi	**Yezîdî**
Sikh	**Sîxh**
Hindu	**Hîndu**
Buddhist	**Budî**
Christian	**Mesîh'**
Catholic	**Kasolîk**
Orthodox Christian	**Orsodoksî Mesîh'î**
Jewish	**Cûleke**
Zoroastrian	**Zerdeştî**
I am not religious.	**Min aynî nîm.**

c – *j*am, ç – *ch*urch, j – lei*s*ure, ş – *sh*ut, x – lo*ch*, xh – *gh*

4. LANGUAGE

Do you speak English?	**Aya Înglîzi qise dekeyt?**
Do you speak Kurdish?	**Aya Kûrdî qise dekeyt?**
Do you speak German?	**Aya Ellmanî qise dekeyt**
Do you speak Italian?	**Aya Îtallî qise dekeyt?**
Do you speak French?	**Aya Ferensî qise dekeyt?**
Do you speak Spanish?	**Aya Îspanî qise dekeyt?**
Do you speak Farsi?	**Aya Farsî qise dekeyt?**
Do you speak Arabic?	**Aya A'erebî qise dekeyt?**
Does anyone speak English?	**Kes be Înglîzî qise dekat?**
Does anyone speak Kurdish?	**Kes be Kûrdî qise dekat?**
I speak a little ...	**Min tozêk qise be ... dekem.**
I don't speak ...	**Min nazanim be ... qise bkem.**
I understand.	**Têdegem.**
I don't understand.	**Tênagem.**
Could you speak more slowly, please?	**Tkaye detwanît tozê le serxo qise bkeyt?**
Could you repeat that?	**Detwanît ewe dûbare bkeytewe?**

a – father, e – man, ê – pay, u – put, û – shoot

How do you say... in Kurdish?	**Be kûrdî be... dellêyt çî?**
What does ... mean?	**... manay çîe?**
How do you pronounce this word?	**Çon em wişeye dellêyt?**
Please point to the word in the book.	**Tkaye wişeke dest nîşan bke le ktêbekeda.**

I speak ...	**Min be ... qise dekem.**
Arabic	**A'erebî**
Armenian	**Ermînî**
Danish	**Danimarkî**
Dutch	**Hollendî**
English	**Înglîzî**
Farsi	**Farsî**
French	**Ferensî**
Hindi	**Hîndî**
German	**Ellmanî**
Italian	**Îtallî**
Japanese	**Yabanî**
Spanish	**Îspanî**
Turkish	**Turkî**

5. BUREAUCRACY

name		**naw**
surname		**nawi xêzan**
address		**nawnîşan; a'înwan**
date of birth		**rrojî le dayk bûn**
place of birth		**şwênî le dayk bûn**
nationality		**nasnamey nîştimanî; qewmîyet**
age		**temen**
gender:	male	**nêr**
	female	**mê**
religion		**aîn; dyanet**
reason for travel:		**hokarî sefer krdin**
business		**îş**
tourism		**geşt u guzar**
work		**îş**
personal		**şexsî; kesî**
profession		**şarezayî; mihne**
marital status:	single	**tak; tenya**
	married	**xêzandar**
divorced		**tellaq draw**
date		**berwar**
date of arrival		**berwarî geyştin**
date of departure		**berwarî rroîştin; cyabûnewe**
passport		**pasport**
passport number		**jmarey pasport**
visa		**vîse**
currency		**draw**

a – father, e – man, ê – pay, u – put, û – shoot

—Getting around

What does this mean?	**Eme manay çîye?**
Where is ...'s office?	**Şwenî karî ... le kwêye?**
Which floor is it on?	**Le çî nhomêke?**
Does the elevator work?	**Mesa'edeke îş dekat?**
Is Mr./Ms. ... in?	**Kak/Xatû... lewêye?**
Please tell him/her that I have arrived.	**Tkaye ewey pê bllê ke min geyştûm.**
I am here.	**Min lêrem.**
I can't wait, I have an appointment.	**Natwanim çawerrêkem, min mewa'îdêkim heye.**
Tell him/her that I was here.	**Pêy bllê ke wa min lere bûm.**

—More on family...

Common Kurdish family terms are:

grandfather	**bapîr**
grandmother	**dapîre** or **nenik**
father	**bawk**
mother	**dayk**
uncle *paternal*	**mam**
uncle *maternal*	**xall**
aunt *paternal/maternal*	**pûr**
brother	**bra**
sister	**xûşik**
nephew	**braza**
niece	**xûşkeza**

---

c – *j*am, ç – *ch*urch, j – lei*s*ure, ş – *sh*ut, x – lo*ch*, xh – *gh*

6. TRAVEL

What time does... leave/arrive?	**Sea'at çend ... derrwat/degat?**
the airplane	**frrokeke; teyareke**
the boat	**paporreke**
the bus	**paseke**
the train	**şemendefereke; qîtareke**
The plane is delayed.	**Frrokeke dwaxrawe.**
The plane is canceled.	**Frrokeke îlxha krayewe.**
The train is delayed.	**Şemendefereke** (*or* **qîtareke) dwaxrawe.**
The train is canceled.	**Şemendefereke** (*or* **qîtareke) îlxha krayewe.**
How long will it be delayed?	**Çenêk dwa dekewêt?**
There is a delay of ... minutes.	**... deqîqe dwa dekewêt.**
There is a delay of ... hours.	**... sea'at dwa dekewêt.**
Excuse me, where is the ticket office?	**Bibure, şwênî blît froştin le kweye?**
Where can I buy a ticket?	**Le kwê detwanim blît bikrrim?**
I want to go to ...	**Demewê bçim bo ...**
I want a ticket to ...	**Blîtêkim dewêt bo ...**
I would like. ..	**... dewêt**
a one-way ticket	**blîtî yek ser; blîtî rroîştin**
a return ticket	**blîtî dû ser;**

a – f*a*ther, **e** – m*a*n, **ê** – p*a*y, **u** – p*u*t, **û** – sh*oo*t

	blîtî rroîştin u gerranewe
first class	derece yek
second class	derece dû
Do I pay in dollars?	Debêt min be dolar pare bdem?
You must pay in dollars.	Debêt be dolar pare beyt.
Can I reserve a place?	Detwanim cêgayek bgrim?
How long does the trip take?	Geşteke (or sefereke) çendî pê deçêt?
Is it a direct route?	Rrêgekey rrastewxoye?

—By air

Is there a flight to ...?	Hîç frrînêk heye bo ...? or Hîç geştêk heye bo ...?
When is the next flight to ...?	Frrînî (or geştî) dahatû bo... keye?
How long is the flight?	Geşteke çend dexayenêt?
What is the flight number?	Jimarey Frrîneke çende?
You must check in at...	Debê le ...-we bçîte jûrewe.
Is the flight delayed?	Frrîneke dwaxrawe?
How long is the flight delayed?	Bo çend frrîneke dwaxrawe?
Is this the flight for ...?	Aya em frrîne derrwat bo ...?
When is the London flight arriving?	Key frrînî Lenden degat?
Is it on time?	Le katî xoîdaye?

c – *j*am, ç – *ch*urch, j – lei*s*ure, ş – *sh*ut, x – lo*ch*, xh – *gh*

Is it late?	**Dwakewtûe?**
Do I have to change planes?	**Debê min frroke bigorrim?**
Has the plane left Sulemaniya yet?	**Frrokeke Slêmanî be cêhêştûe?**
What time does the plane take off?	**Key frrokeke denîşêtewe?**
What time do we arrive in Baghdad?	**Key degeyne Bexhdad?**
excess baggage	**barî zyade**
international flight	**frrînî cîhanî**
internal/domestic flight	**frrînî nawxo**

—By bus

bus stop	**şwênî westanî pas; mewqîfî pas**
Where is the bus stop/ station?	**Şwênî westanî (or wêstgey) paseke le kwêye?**
Take me to the bus station.	**Bimbe bo wêstgey (or meh'etey) paseke.**
Which bus goes to ...?	**Kam pase derrwat bo ...?**
Does this bus go to ...?	**Em pase derrwat bo ...?**
How often do buses leave?	**Hemû çend carêk pasekan derdeçin?**
What time is the... bus?	**Pasî ... sea'at çende?**
next	**dahatû**
first	**yekem**
last	**dûa; dûatrîn**
Will you let me know when we get to ...?	**Pêm dellêyt ke degeyne ...?**
Stop, I want to get off!	**Boste, min demewêt lêre dabezim!**

a – father, e – man, ê – pay, u – put, û – shoot

Where can I get a bus to ...?	**Le kwê pasim bo ... dest dekewêt?**
When is the first bus to ...?	**Yekem pas bo ... keye?**
When is the last bus to ...?	**Dûa pas bo ... keye?**
When is the next bus to ...?	**Psî dahatû bo ... keye?**
Do I have to change buses?	**Debê pas bgorrim?**
How long is the journey?	**Geşteke çend dexayenêt?** *or* **Geşteke çendî pêdeçêt?**
What is the fare?	**Nirxekey çend dekat?**
I want to get off at...	**Demewê le ... dabezim.**
Please let me off at the next stop.	**Tkaye dambezêne le şwênî westanî dahatû.**
Please let me off here.	**Tkaye lêre dambezêne.**
I need my luggage, please.	**Tkaye min pêwîstim be cantakanme.**
That's my bag.	**Ewe cantay mine.**

—By rail

Passengers must ...	**Geştewanekan pêwîste ...**
change trains.	**şemendefer** (*or* **qîtar**) **bigorrin.**
change platforms.	**platform** (*or* **seko**) **bigorrin.**
Is this the right platform for ...?	**Em sekoyeye bo ...?**

c – *j*am, ç – *ch*urch, j – lei*s*ure, ş – *sh*ut, x – lo*ch*, xh – *gh*

TRAVEL

The train leaves from this platform.	**Şemendefereke lem sekoyewe derrwat.**
Take me to the railway station.	**Bimbe bo wêstgey hêllî şemendefereke.**
Where can I buy tickets?	**Le kwê detwanim blît bikrrim?**
Which platform should I go to?	**Debêt bçim bo kam seko (or platform)?**
platform one/two	**sekoy yek/dû**
You must change trains at...	**To debê şemedefer (or qîtar) le... bigorrît.**
Will the train leave on time?	**Aya şemendefereke le katî xoydaderdeçêt?**
There will be a delay of ... minutes.	**... deqîqe dûa dekewêt.**
There will be a delay of ... hours.	**... sea'at dûa dekewêt.**

—By taxi

Taxi!	**Teksî!**
Where can I get a taxi?	**Le kwê teksîm destdekewêt?**
Please could you get me a taxi.	**Bê yarmeti xot teksîekiyekm bo peyda bike.**
Can you take me to ...?	**Detwanît bimbey bo ...?**
How much will it cost to ...?	**Çend dekat bo ...?**
To this address, please.	**Tkaye bo em a'înwane.**
Turn left.	**Be deste çepda pêç kerewe.**
Turn right.	**Be deste rrastda pêç kerewe.**

a – father, e – man, ê – pay, u – put, û – shoot

Go straight ahead.	**Rrêk brro.**
The next corner, please.	**Ser sûçî dahatû.**
The next street to the left.	**Cadey dahatû be deste çepa.**
The next street to the right.	**Cadey dahatû be deste rrasta.**
Stop!	**Boste!**
Don't stop!	**Meweste!**
I'm in a hurry.	**Min peleme.**
Please drive slowly!	**Tkaye be hêwaşî lê bixurre!**
Stop here!	**Lêre boste!**
Stop the car, I want to get out.	**Ûtumbêleke (or seyareke) bostêne, emewê dabezim.**
Please wait here.	**Bê yarmetît ler çawerrê ke.**

—General phrases

I want to get off at ...	**Demewêt le ... dabezim.**
Excuse me!	**Bibure!** or **Be yarmetî xot!**
Excuse me, may I pass by?	**Be yarmetî xot, detwanim têperr bim?**
These are my bags.	**Eme cantakanî minin.**
Please put them there.	**Tkaye lewya dayan nê.**
Is this seat free?	**Em cêgaye xallîye?**
I think that's my seat.	**Wabzanim ewe cêgay mine.**

—Travel words

airport	**frrokexane**
airport tax	**bacî frrokexane**

c – *j*am, ç – *ch*urch, j – lei*s*ure, ş – *sh*ut, x – lo*ch*, xh – *gh*

ambulance	**îsa'af; ûtumbêlî fryaguzarî**
arrivals	**şwênî geyştin**
baggage counter	**şwênî yan pencerey ke barî seferî lêwe bar dekrêt**
bicycle	**paskîl**
boarding pass	**psûlley swarbûn (le katî sefer krdinda)**
boat	**belem**
bus stop	**mewqîfî pas**
car	**ûtumbel; qemere**
check-in counter	**şwenî çûne jûrewe (bo çêk krdinî blît)**
closed	**daxrawe**
customs	**gûmrig**
delay	**dûakewtin**
departures	**şwênî cêhêştin**
emergency exit	**derçûnî firyaguzarî; derçûnî tengane**
entrance	**çûne jûrewe**
exit	**derçûn**
express	**postî yan şemendeferî xêra**
ferry	**kellek; amêrî xellk u kel u pel perrandinewe**
4-wheel drive	**ûtumbêlêk ke debllî hebêt**
information	**zanyarî**
ladies/gents	**awdestî jinan/pyawan**
local	**xomallî; nawçeyî**
helicopter	**helîkopter**
horse and cart	**esip u a'erebane**
motorbike	**matorr**

a – father, e – man, ê – pay, u – put, û – shoot

no entry	**çûne jûrewer qedexheye**
no smoking	**cigere kêşan qedexheye**
open	**krawe**
platform number	**jimarey seko**
railway	**hellî şemendefer**
reserved	**gîrawe**
road	**rrêge**
sign	**nîşane**
sleeping car	**ûtumbêlî nûstin**
station	**wêstge; mih'ete**
subway	**rrêgay hat u çoy jêr zemînî**
ticket office	**ofîsî blît froştin**
timetable	**xiştey kat; cedol**
toilet(s)	**awdest; awdestxane; twalêt**
town center	**naw cergey şar**
train station	**wêstgey şemendefer; mih'etey qitar**

—Disabilities

wheelchair	**kûrsî kem endam**
disabled	**kem endam**
Do you have seats for the disabled?	**Şwênî danîştintan heye bo kem endam?**
Do you have access for the disabled?	**Aye karasanî çûne jûrewey kem endaman krawe?**
Do you have facilities for the disabled?	**Aye karasanî bo kem endamantan heye?**

---

c – *j*am, ç – *ch*urch, j – lei*s*ure, ş – *sh*ut, x – lo*ch*, xh – *gh*

7. ACCOMMODATION

I am looking for a ...	**Min bo ... degerrêm**
guesthouse	**mîwanxane**
hotel	**ûtêl**
halls of residence	**daxlî**
Is there anywhere to stay for the night?	**Hîç şwênêk heye bo manewey şew?**
Where is a ... hotel?	**Ûtêlêkî. .. le kwêweye?**
cheap	**herzan**
good	**baş**
nearby	**nzîk**
What is the address?	**A'înwanekey (naw u nîşanekey) çîe?**
Could you write the address please?	**Tkaye, a'înwaneke denûsît?**

—At the hotel

Do you have any rooms free?	**Hîç jûrêkî betalltan heye?**
I would like. ..	**Min ...-m dewêt.**
a single room	**jûrêkî yek kesî**
a double room	**jûrêkî dû kesî**
We'd like a room.	**Eme jûrêkman dewêt.**
We'd like two rooms.	**Ême dû jûrman dewêt.**
I want a room with ...	**Jmûrêkim dewêt be ... we.**
a bathroom	**h'emam u awdest**
a shower	**dûş**
a television	**televîzîon**
a window	**pencere**

a – father, **e** – man, **ê** – pay, **u** – put, **û** – shoot

a double bed	cegay dû kesîl; qerwêlle dû kesî
a balcony	balkone
a view	dîmen
I want a room that's quiet.	Min jûrêkî bê dengim dewêt.
How long will you be staying?	Bo çenêk demênîtewe?
How many nights?	Çend şew?
I'm going to stay for ...	Min nyazme bo ... bmênmewe.
one day	yek rroj; rrojêk
two days	dû rroj
one week	yek h'efte; h'efteyek
Do you have any I.D.?	Hîç nasnameyekit pêye?
Sorry, we're full.	Bibûre, hemûy gîrawe.
I have a reservation.	Min cêm bo gîrawe.
I have to meet someone here.	Debêt yekêk bibînim lêre.
My name is ...	Min nawim ...-e.
May I speak to the manager please?	Detwanim le gell berrêweberekeda qise bikem?
How much is it per night?	Şewî be çende?
How much is it per person?	Kesî be çende?
How much is it per week?	H'eftey be çende?
It's... per night.	Şewî be ...-e.
It's... per person.	Kesî (or şexsî) be ...-e.
It's... per week.	H'eftey be ...-e.
Can I see it?	Detwanim bîbînim?

c – jam, ç – church, j – leisure, ş – shut, x – loch, xh – gh

Are there any others?	**Hîçî tir heye?**
Is there ...?	**... heye?**
air-conditioning	**êr kondîşin**
a telephone	**telefon**
a bar	**barr; meyxane**
hot water	**awî gerim**
laundry service	**xizmetî cil ştin**
room service	**xizmetî jûr**
No, I don't like it.	**Na, min h'ezim lêy nîye.**
It's too ...	**Zor ...-e.**
cold	**sard**
hot	**gerim**
big	**gewre**
dark	**tarîk**
small	**biçûk**
noisy	**denge deng**
dirty	**pîs**
It's fine, I'll take it.	**Başe, deybem.** or **Başe werîdegrim.**
Where is the bathroom?	**H'emam u awdest le kwêye?**
Is there hot water all day?	**Hemû rrojeke awî gerim heye?**
Do you have a safe?	**Xezênetan heye?**
Is there anywhere to wash clothes?	**Hîç şwênêk heye bo cil ştin?**
Can I use the telephone?	**Detwanim telefoneke be karbênim?**

—Needs

I need...	**Min pêwîstim be ...-e.**
candles	**mom**
toilet paper	**desrrî kaxhez; desrrî awdest;**

a – father, e – man, ê – pay, u – put, û – shoot

	desrrî twalêt
soap	sabûn
clean sheets	çerçefî pak
an extra blanket	betanî zyade
drinking water	awî xûardinewe
a light bulb	gllopêk
a mosquito net	tûlî mêş
mosquito repellent	dermanî mêş
Please change the sheets.	Tkaye, çerçefekan bigorre.
Can I have the key to my room?	Detwanim klîlî jûrekem wergrim?
I can't close ...	Natwanim ... daxem.
I can't open ...	Natwanim ... bikemewe.
the window	pencereke
the door	dergake
I have lost my key.	Min klîlekanim win krdûe.
The shower won't work.	Dûşeke îş nakat.
How do I get hot water?	Çon awî germim dest kewêt?
The toilet won't flush.	Awî-twalêteke (or awdestxaneke) rranamllrêt.
The water has been cut off.	Aw brrawe.
The electricity has been cut off.	Kareba brrawe.
The gas has been cut off.	Xhaz brrawe.
The air-conditioning doesn't work.	Êrkondîşineke îs nakat.
The phone doesn't work.	Telefoneke îş nakat.

c – jam, ç – church, j – leisure, ş – shut, x – loch, xh – gh

I can't flush the toilet.	**Natwanim awî awdesteke rrabmallim.**
The toilet is blocked.	**Awdesteke gîrawe.**
I can't switch off the tap.	**Natwanim belûa'eke bigirmewe.**
I need a plug for the bath.	**Serqepaxhêkim pêwîste bo banyoke.**
Where is the plug socket?	**Serqepaxheke le kwêye?**
There are strange insects in my room.	**Mêş u megezî seyr le jûrekemdaye.**
There's an animal in my room.	**Ajellêk (or h'eywanêk) lejûrekemdaye.**
wake-up call	**Zengî le xew hestandin.**
Could you wake me up at ... o'clock?	**Detwanît sea'at ... xeberim keytewe?**
I am leaving now.	**Min êsta errom.**
We are leaving now.	**Ême êsta derroyn.**
May I pay the bill now?	**Detwanim h'isabeke bidem?**

—Useful words

bathroom	**awdest u h'emam**
bed	**cegey nûstin**
blanket	**betanî**
candle	**mom**
chair	**kursî**
cold water	**awî sard**
cupboard	**kewanter**
door lock	**sûrxhî derga**
electricity	**kareba**

a – father, e – man, ê – pay, u – put, û – shoot

excluded	derkrawe; dûrxrawetwe; derhênrawe
extra	zyade
fridge	yexçal; selace
hot water	awî gerim
included	têxrawe
key	klîl
laundry	cil ştin
mattress	h'esîr
meals	jemî xwardin
mirror	awêne
name	naw
noise	denge deng
padlock	qufill
pillow	serîn
plug (electric)	plak
quiet	bêdengî
room	jûr
room number	jimarey jûr
sheet	çerçef
shower	dûş; şawer
suitcase	cantay sefer
surname	nawî xêzan
table	mêz
towel	xawlî
water	aw
window	pencere

8. FOOD & DRINK

breakfast	**nanî beyanî**
lunch	**nanî nîwerro**
snack	**xûardinêkî sûk yan kem**
dinner/supper	**nanî eware**
dessert	**şîrînî**

I'm hungry.	**Min brsîme**
I'm thirsty.	**Min tînûme**
Do you know a good restaurant?	**Çeştxaneyekî** (*or* **meta'emêkî**) **baş pê dezanit?**
Do you have a table, please?	**Mêzî xallîtan heye?**
I would like a table for ... people, please.	**Tkaye, mêzêkim dewêt bo ... nefer.**
Can I see the menu please?	**Detwanim qaî'mey xûardineketa bibînim?**
I'm still looking at the menu.	**Heşta seyrî qaî'mey xûardineke dekem.**
I would like to order now.	**Demewê esta daway xûardineke bikem.**

What's this?	**Eme çîye?**
Is it spicy?	**Aya tûne?**
Does it have meat in it?	**Hîç goştî tyaye?**
There is no meat in it.	**Goştî tya nîye.**
Does it have alcohol in it?	**Hîç elkuhûlî tyaye?**
Do you have ...?	**...-tan heye?**
We don't have...	**...-man nîye.**
Do you want ...?	**...-t dewê?**

a – father, e – man, ê – pay, u – put, û – shoot

Can I order some more ...?	**Detwanim...-î tir dawa bikem?**
That's all, thank you.	**Supas, her ewende.**
That's enough, thanks.	**Ewe bese, supas.**
I am still eating.	**Min hêşta nan dexom.**
I have finished eating.	**Min nanim tewaw kird.**
I am full up!	**Min têrim!**
I am a vegetarian.	**Min rûekîm.**
I don't eat meat.	**Min goşt naxom.**
I don't eat pork.	**Min goştî beraz naxom.**
I don't eat chicken or fish.	**Min masî yan mrîşik naxom.**
I don't drink alcohol.	**Min elkuhul naxomewe.**

—Needs

I would like ...	**Min ...-m dewêt**
an ashtray	**teplekî cigere**
the bill	**h'isabeke; qai'îmeke**
the menu	**qai'îmey xûardineke**
a glass of water	**perdaxêk aw**
a bottle of water	**butllêk aw**
a bottle of wine	**butllêk şerab**
a bottle of beer	**butllêk bîre**
another bottle (of ...)	**butllêk tir ...**
a bottle-opener	**klîlî butll hellpçrrînêk**
dessert	**şîrînî**
a drink	**xûardineweyek**
a fork	**çetallêk**
another chair	**kûrsîyekî tir**

c – jam, ç – church, j – leisure, ş – shut, x – loch, xh – gh

another plate	**qapêkî tir**
another glass	**perdaxêkî tir**
another cup	**kûpêkî tir**
a napkin	**dasirrêk**
a glass	**perdaxêk**
a knife	**çeqoyek**
a plate	**qapêk**
a spoon	**kewçikêk**
a table	**mêzêk**
a teaspoon	**kewçikî çayek**
a toothpick	**tellaşî dan pak**
	krdineweyek
too much	**zor zor**
too little	**zor kem**
not enough	**bes nîye; beş nakat**

—Tastes

fresh fruit	**mîwey taze**
fresh fish	**masî taze**
spicy (hot)	**tûn**
stale	**kon**
sour	**triş**
sweet	**şîrîn**
bitter	**tall**
hot	**gerim**
cold	**sard**
salty	**swêr**
tasteless	**bê tam**
bad	**xrap**
tasty	**be tam**

—Food

bread	**nan**
candy	**şîrînî**
cheese	**penîr**

a – father, **e** – man, **ê** – pay, **u** – put, **û** – shoot

FOOD & DRINK

chewing gum	**bnêşt**
coriander	**gijnîje**
egg	**hêlke**
flour	**ard**
french fries	**petatey sûrewkraw**
honey	**hengwîn**
ice-cream	**aîs krêm**
mustard	**xerdel**
oil	**rron**
pasta	**mea'keroni**
pepper	**bîber**
rice	**brinc**
salad	**zellate**
salt	**xwê**
sandwich	**lefe; sandwîc**
soup	**şorba**
spices	**dau u dermanî çeşt; beharat**
sugar	**şekir**
sweets	**şîrînî**
vinegar	**sirke**
yogurt	**mast**

—Vegetables & fruit

apple	**sêw**
beans	**fasolya**
cauliflower	**kelerim**
chickpeas	**nok**
cucumber	**xeyar**
grape	**trê**
lemon; lime	**lîmo**
lentils	**nîsk**
mango	**mango**
melon	**kalek**
mulberry	**tut**

c – *j*am, ç – *ch*urch, j – lei*s*ure, ş – *sh*ut, x – lo*ch*, xh – *gh*

FOOD & DRINK

nut: almond	**badem**
pistachio	**fistiq**
plum	**helûje**
walnut	**gwêz**
okra	**bamê**
orange	**prteqall**
peach	**qox**
peas	**bezalya**
pineapple	**enenas**
plum	**hellûje**
pomegranate	**henar**
potato	**petate**
sweet potato	**petatey sîrîn**
pumpkin	**kûlekey gewre**
spinach	**spênaxh**
strawberry	**tûe ferengî**
wild strawberry	**tûtirrik**
tomato	**temate**
vegetables	**sewze**
watermelon	**şûtî**

—Meat & fish

beef	**goştî ga**
chicken	**mrîşik**
fish	**masî**
kebab	**kebab**
lamb	**goştî berx**
meat	**goşt**

a – f**a**ther, **e** – m**a**n, **ê** – p**a**y, **u** – p**u**t, **û** – sh**oo**t

FOOD & DRINK

—Drinks

alcohol	**elkuh'ul**
beer	**bîre**
bottle	**butll; şûşe**
can	**qutû**
coffee	**qawe**
coffee with milk	**qawe u şîr**
fruit juice	**şerbetî mîwe**
ice	**seholl**
milk	**şîr**
mineral water	**awî srûştî; awî ma'denî; awî kanzayî**
tea	**ça**
tea with lemon	**ça u lîmo**
tea with milk	**ça u şîr**
no sugar, please	**bê şekir; tkaye**

9. DIRECTIONS

Where is ... ?	... le kwêweye?
the academy	korrî zanyaryeke
the airport	frrokexaneke
the art gallery	pêşangay
	hûneryeke
a bank	banq
the cathedral	katîdrralleke;
	kenîsey serekîyeke
the church	kenîseke
the city center	naw şar
the consulate/embassy	sefaret
the ... embassy	sefaretî ...
my hotel	û telekem
the information bureau	bîroy zanyarî
the internet café	internêt kafêke
the main square	meydanî serekî
the market	bazarr
the monastery	dêreke
the mosque	mizgewteke
the museum	mozexaneke
parliament	parleman
the police station	polîsxaneke
the post office	postxane;
	dai'îrey berîd
the station	wêstgeke;
	mih'eteke
the telephone center	binkey telefûneke;
	senterî telefûneke
a toilet	awdesteke;
	twalêteke
the university	zanko
Which ... is this?	Em ...-e kameye?

a – father, e – man, ê – pay, u – put, û – shoot

bridge	**pird**
building	**bîna**
district	**nawçe**
river	**rrûbar**
road	**rrêge; rrê**
street	**cade; kollan; şeqam**
suburb	**dewruberî şar; qeraxh şar**
village	**dê; lade; gûnd**

What is this building?	**Em bînaye çîe?**
What is that building?	**Ew bînaye çîe?**
What time does it open?	**Key dekrêteweş; sea'at çend dekrêtewe?**
What time does it close?	**Key dadexrêtş; sea'at çend dadexrêt?**
Are we on the right road for ...?	**Aya ême le ser rrêy rrastîm bo ...?**
How many kilometers is it to ...?	**Çend kîlometir debêt bo ...?**
It is ... kilometers away.	**... kîlometir dûre.**
How far is the next village?	**Dêy dahatû çend dûre?**
Where can I find this address?	**Em naw nîşane le kwê bdozmewe?**
Can you show me on the map?	**Detwanît nexşekem pê pîşan bdeyt?**
How do I get to ...?	**Çon degeme ...?**
I want to go to...	**Min demewê bçim bo ...?**
Can I walk there?	**Detwanim lewêwe brrom?**
Can I park here?	**Detwanim otombîl-ekem lêre bwestênim?**

c – *j*am, ç – *ch*urch, j – lei*s*ure, ş – *sh*ut, x – lo*ch*, xh – *gh*

Is it far?	**Dûre?**
Is it near?	**Nzîke?**
Is it far from/near here?	**Lêrewe dûre/nzîke?**
It is not far.	**Dûr nîye.**
Go straight ahead.	**Rrêk brro.**
Turn left.	**Be deste çepda pêç bkerewe.**
Turn right.	**Be deste rrastda pêç bkerewe.**
at the next corner	**le ser sûçî dahatû**
at the traffic lights	**le trafik laytekewe**

–Directions

behind	**pştewe; pşt; le pştewe**
far	**dûr**
in front of	**pêşewe; pêş; le peşew**
left	**çep**
on the left	**lay çep**
near	**nzîk**
opposite	**beramber**
right	**rrast**
on the right	**lay rrast**
straight on	**rrêk**
corner	**ser sûç; sûç**
crossroads	**çwar-rra; teqatua**
one-way street	**cadey yek rrê**
north	**bakûr**
south	**başûr**
east	**rrojhellat**
west	**rrojawa**

---

a – father, e – man, ê – pay, u – put, û – shoot

10. SHOPPING

Where can I find a ...?	**le kwê detwanim ... bdozmewe?**
Where can I buy ...?	**le kwê detwanim ... bkrrim?**
Where is the market?	**Bazarr le kwêweye?**
Where is the nearest ...?	**Nzîktrîn ... lekwêweye?**
Can you help me?	**Detwanît yarmetîm bdeyt?**
Can I help you?	**Min detwanim yarmetît bdem?**
I'm just looking.	**Her seyr dekem.**
I'd like to buy ...	**H'az dekem ... bkrrim.**
Could you show me some ...?	**Detwanît hendê ...-m pîşan bdeyt?**
Can I look at it?	**Detwanim sayrêkî bkem?**
Do you have any ...?	**To hîç ... -t heye?**
This.	**Eme.**
That.	**Ewe.**
I don't like it.	**H'azim lê nîye.**
I like it.	**H'azim lêyetî.**
cheaper	**herzantir**
better	**baştir**
Do you have anything else?	**Hîcî trit heye?**
Sorry, this is the only one.	**Bibûre, eme tenya şte.**
I'll take it.	**Deybem.**

c – *j*am, ç – *ch*urch, j – lei*s*ure, ş – *sh*ut, x – lo*ch*, xh – *gh*

How much/many do you want?	**Çenêkit dewêt?**
How much is it?	**Be çende?**
Can you write down the price?	**Detwanît nirxekey bnûsît?**
Can you lower the price?	**Detwanît nirxekey dabezênît?**
I don't have much money.	**Ewende parem pê nîye.**
Do you take credit cards?	**Krêdit kard (**or **kartî banq) werdegrin?**
Will that be all?	**Her ewende?**
Thank you, goodbye.	**Supas, xuah'afîz.**
I want to return this.	**Demewê eme bgerrênmewe.**

—Outlets

baker's	**nanewa**
bank	**banq**
barber	**delak**
I'd like a haircut.	**Qij brrînêkm dewêt.**
bookshop	**dukanî ktêb froştin**
butcher's	**qesabxane**
chemist's	**dermanxane**
clothes shop	**dukanî cil**
dentist	**dansaz**
department store	**kogay gewre**
dressmaker	**berg drû**
electrical goods store	**kogay kel u pelî karebayî**
greengrocer	**dukanî sewze froş**
hairdresser	**qij brr**
hardware store	**mexzenî mekayn**
hospital	**xestexane; nexoşxan**
laundry	**dukanî ştin u ûtû**

a – father, e – man, ê – pay, u – put, û – shoot

market	**bazarr**
shoe shop	**dukanî pêllaw**
shop	**dukan**
stationer's	**qirtasye**
supermarket	**bazar**
travel agent	**nûsîngey geşt u guzar**
vegetable shop	**dukanî sewze**
watchmaker's	**dûkanî sea'atçî**

— Gifts

box	**snûq**
bracelet	**bazin**
candlestick	**momdan**
carpet	**feriş; berre**
chain	**zincîr**
clock	**sea'atî dîwar**
copper	**mis**
crystal	**krîstal**
earrings	**gware**
enamel	**mîna**
gold	**alltûn; zêrr**
handicraft	**îşî dest**
iron	**asin**
jewellery	**xşill; zêrr u zîw**
leather	**çerim**
metal	**kanza**
modern	**tazebabet; hawçerx**
necklace	**milwanke**
pottery	**fexfûrî; goze**
ring	**mistîle**
rosary	**gûllî destkird**
silver	**zîw**
steel	**stîl**
stone	**berd**
traditional	**kon; teqlîdî; mîlî**

c – *j*am, ç – *ch*urch, j – lei*s*ure, ş – *sh*ut, x – lo*ch*, xh – *gh*

watch	sea'atî dest
wood	texte; dar

—Clothes

bag	canta
belt	piştên
boots	bût
cotton	loke; pemû
dress	kras; a'ezî
gloves	destkêş
handbag	cantay dest
hat	kllaw
jacket	çaket
jeans	jîns; kawbo
leather	çerim
necktie	boynbax
overcoat	pallto
pocket	gîrfan
scarf	refte
shirt	kras; qemîs
shoes	pêllaw; qonere
socks	gorewî
suit	qat
sweater	blus
tights	gorewî tenkî jinane
trousers	pantoll
umbrella	çetir
underwear	clî jêrewe; fanîle u derpê
uniform	hawclî; zey mueh'ed
wool	xurî

—Toiletries

aspirin	asprîn
comb	şane

a – father, e – man, ê – pay, u – put, û – shoot

condom	**kondom**
cotton wool	**lokey tîmarkarî**
deodorant	**laberî bonî naxoş**
hairbrush	**filçey qij**
insect repellant	**dermanî mêş u megez**
lipstick	**sûraw**
mascara	**maskara**
mouthwash	**xerxere**
nail-clippers	**nînoker**
perfume	**bonî arayş; a'etir**
plaster	**plaster**
powder	**podre**
razor	**gwêzan**
razorblade	**mekîney rrîş taşîn**
safety pin	**derzî sincaq**
sanitary towels	**santî**
shampoo	**şampo**
shaving cream	**krêmî rrîş taşîn**
sleeping pills	**h'ebî xew**
soap	**sabûn**
sponge	**îsfenc**
sunblock cream	**krêmî xor**
tampons	**tampon**
tissues	**desrrî kaxhez**
toilet paper	**desrrî twalêt;**
	desrrî awdest
toothbrush	**filçey danştin**
toothpaste	**dermanî danştin**
washing powder	**tayt**

—Stationery

ballpoint pen	**qellemî caf**
book	**ktêb; perrtûk**
dictionary	**ferheng**
envelope	**zerfî name**

c – *j*am, ç – *ch*urch, j – lei*s*ure, ş – *sh*ut, x – lo*ch*, xh – *gh*

guidebook	**ktêb yan perrtûkî rrênmayî**
ink	**merekeb**
magazine	**govar**
map	**nexşe**
a map of Sulemaniya	**nexşey Slêmanî**
road map	**nexşey rrêga**
newspaper	**rrojname**
newspaper in English	**rrojname be Înglîzî**
notebook	**perrawî têbînî; defterî têbînî**
novel	**rroman**
novels in English	**rroman be Înglîzî**
(piece of) paper	**parçeyek kaxhez; parçe kaxhzê**
pen	**qellem; pênûs**
pencil	**qellemî rresas**
postcard	**kart**
scissors	**meqest**

—Photography

How much is it to process this film?	**Be çend em flîme deşonewe?**
When will it be ready?	**Key amade debêt?**
I'd like film for this camera.	**Flîmêkim dewêt bo em kamêreye?**
black and white	**reş u spî**
camera	**kamêre**
colour	**rrenga u rreng**
flash	**flaş**
lens	**a'edese**
light meter	**pêwerî rroşnayî**

a – father, e – man, ê – pay, u – put, û – shoot

—Electrical equipment

adapter	**plakî beyek geyandin**
battery	**pîl; patrî**
cassette	**şrît; kasêt**
CD	**sî dî**
CD player	**tecîlî sî dî**
fan	**panke**
hairdryer	**qij ûşik kerewe**
iron *for clothing*	**ûtû**
kettle	**kitrî; kitlî**
plug	**plak**
portable T.V.	**televizîonî destî**
radio	**rradîo**
record	**tomar krdin**
tape (cassette)	**şrît**
tape-recorder	**tecîl**
television	**televizîon**
transformer	**mh'ewîle**
video-player	**vîdîo**
videotape	**şrîtî vîdîo**
voltage regulator	**rrêkxerî volltye; mh'ewîle**

—Sizes

small	**biçûk**
big	**gewre**
heavy	**qûris**
light	**sûk**
more	**zyatir**
less	**kemtir**
many	**zor**
too much/too many	**zor zor**
enough	**bes; tewaw**
that's enough	**ewe bese**
also	**herweha**

c – *j*am, ç – *ch*urch, j – lei*s*ure, ş – *sh*ut, x – lo*ch*, xh – *gh*

SHOPPING

a little bit	**tozêk**
I'd like a carrier bag	**Min zerfî a'elagem**
to carry these things in.	**dewêt bo ewey em ştaney tya hellgrim.**

—Colors

black	**rreş**
pink	**pemeyî**
blue	**şîn**
purple	**mor**
brown	**qaweyî**
red	**sûr**
green	**sewiz**
white	**spî**
orange	**pirteqallî**
yellow	**zerd**

11. WHAT'S TO SEE

Do you have a guidebook?	**Ktêbî rrênmayîtan heye?**
Do you have a local map?	**Nexşey nawçeketan heye?**
Is there a guide who speaks English?	**Hîç rrênma (or rrênîşander) heye be Înglîzî qise bkat?**
What are the main attractions?	**Şwêne here serinc rrakêşerekan kamanen?**
What is that?	**Ewe çîye?**
How old is it?	**Temenî çende?**
What animal is that?	**Ewe çî ajellêke?**
What fish is that?	**Ewe çî masîyeke?**
What insect is that?	**Ewe çî megezêke?**
May I take a photograph?	**Detwanim wêneyek bgrim?**
What time does it open?	**Sea'at çend dekrêtewe?**
What time does it close?	**Sea'at çend dadexrêt?**
What does that say?	**Ewe çî dellêt?**
Who is that statue of?	**Ewe peykerî kêye?**
Is there an entrance fee?	**Krêy çûne jûrewe heye?**
How much?	**Çende?**
Are there any night-clubs/discos?	**Hîç yaney şewan/dîsko heye?**
How much does it cost to get in?	**Nirxî çûne jûrewe çende?**
When is the wedding?	**Ahengî jin hênaneke/şû krdineke keye?**
What time does it begin?	**Key dest pê dekat?**

c – *j*am, ç – *ch*urch, j – lei*s*ure, ş – *sh*ut, x – lo*ch*, xh – *gh*

Can we swim here?	**Detwnîn lêre mele bkeyn?**

—Activities

dancing	**sema krdin**
disco	**dîsko**
exhibition	**pêşanga**
folk dancing	**semay folklorî**
folk music	**mosîqay folklorî**
jazz	**caz**
nightclub	**yaney şew**
party	**aheng; şayî**
pop music	**mosîqay pop**
pub	**meyxane**

—Places

apartment	**şuqe**
apartment block	**bînay beriz**
archaeological	**şwênewarnasî**
art gallery	**pêşangay hûnerî**
bakery	**dukanî îşî hewîr**
bar	**meyxane**
building	**bîna**
café	**kafê**
casino	**gasîno; şwênî qumar**
castle	**qella; koşik**
cemetery	**serqebran**
church	**kenîse**
cinema	**sînema**
city map	**nexşey şar**
college	**kolêc**
concert hall	**hollî ahengî goranî; hollî konsêrt**
concert	**ahengî goranî**
embassy	**ballwêzxane; sefaret**

a – father, e – man, ê – pay, u – put, û – shoot

fort	qella
hospital	nexoşxane; xestexane
house	xanû
industrial estate	nawçey pîşesazî
library	ktêbxane
main square	meydanî serekî
market	bazar
monument	şwênî yadwerî; tezkarî
mosque	mizgewt
museum	mozexane
old city	şarî kon
palace	koşik; telar
park	baxî giştî
restaurant	çêştxane
ruins	paşmawey xanû yan şwênêk
school	qûtabxane
shop	dukan
stadium	yarîga; mela'eb
statue	peyker
theater	şano
tomb	gorr
tower	burc
university	zanko
zoo	baxçey ajell

—Occasions

birth	le dayk bûn
death	mrdin
funeral	matemînî; tea'zîye
wedding	zemawend

c – jam, ç – church, j – leisure, ş – shut, x – loch, xh – gh

12. FINANCE

I want to change some dollars.	**Min demewê hendê dolar bgorrmewe.**
I want to change some euros.	**Min demewê hendê yuro bgorrmewe.**
I want to change some pounds.	**Min demewê hendê pawen bgorrmewe.**
Where can I change some money?	**Detwanim le kwê hendê pare bgorrmewe?**
What is the exchange rate?	**Nirxî gorrînewe çende?**
Could you please check that again?	**Detwanît ewem carêkî tir bo çek bkeytewe?**
Could you please write that down for me?	**Detwanît ewem bo bnûsît?**
Do you have a calculator?	**Dezgay jimardintan (or h'asîbetan) heye?**

dollar	**dolar**
euro	**yuro**
ruble	**rrobll**
pound (sterling)	**pawen**
banknotes	**drawî kaxhez**
calculator	**dezgay jimardin; h'asîbe**
cashier	**pare wergir**
coins	**parey asin**
credit card	**kredit kart; kartî banq**
commission	**beşe sûd; a'mule; komîşin**

a – father, e – man, ê – pay, u – put, û – shoot

exchange	**gorrînewe**
loose change	**wirde**
receipt	**bellgey nûsrawî krrîn; wessil**
signature	**îmza**

—Some common expressions...

Here are a few expressions you'll hear in everyday conversation:

wa nîye?	isn't it?
bese!	enough!
çake!	well!
ê!	so!
le rrastîda!	indeed!
yea'nî ...	I mean...; that is...
de dey!	come on...!
başe!	okay!
çawerê bike!	wait a minute!; hang on!
be rray min ...	in my opinion...
aferîn!	bravo!
hanê!	Here you are! *(when giving someone something)*

c – *j*am, ç – *ch*urch, j – lei*s*ure, ş – *sh*ut, x – lo*ch*, xh – *gh*

13. COMMUNICATIONS

— Post

Where is the post office?	**Berîdeke le kwêweye?**
What time does the post office open?	**Sea'at çend berîdeke dekrêtewe?**
What time does the post office close?	**Sea'at çend berîdeke dadexrêt?**
Where is the mail box?	**Sinûqî berîdeke le kwêweye?**
Is there any mail for me?	**Hîç nameyekim bo min hatûe?**
How long will it take for this to get there?	**Eme çenêkî pê deçêt bo ewey bgate ewê?**
How much does it cost to send this to ...?	**Çendî tê deçêt bo ewey eme bnêrîn bo ...?**
I would like some stamps.	**Hendê pûlim dewêt.**
I would like to send this to...	**Min demewê eme bnêrim bo...**
air mail	**namey hewayî**
envelope	**zerfî name**
mailbox	**sinûqî name**
parcel	**henarde; parçe**
registered mail	**henarde yan namey tomar kraw**
stamp	**pûl**

a – father, e – man, ê – pay, u – put, û – shoot

—Tele-etiquette

I would like to make a phone call.	**Min demewê telefonêk bikem.**
I would like to send a fax.	**Min demewê faksêk bnêrim.**
Where is the telephone?	**Telefoneke le kwêye?**
May I use your phone?	**Detwanim telefoneketan be kar bênim?**
Can I telephone from here?	**Detwanim telefon lêrewe bikem?**
Can you help me find this number?	**Detwanît yarmetîm bdeyt bo ewey em jimareye bdozmewe?**
Can I dial direct?	**Detwanim rrastewxo jimareke lêdem?**
May I speak to Mr ...?	**Detwanim le gell kak... qise bikem?**
May I speak to Ms/Mrs ...?	**Detwanim le gell... xan qise bikem?**
Can I leave a message?	**Detwanim peyamêk (*or* mesicêk) cê bhêllim?**
Who is calling, please?	**Tkaye, kê qise dekat?**
Who are you calling?	**To kêyt ke telefonit krdûe?**
What is your name?	**Nawit çîye?**
Which number are you dialing?	**Çî jimareyekit lêdawe?**
He/She is not here.	**Ew lewê nîye.**
Would you like to leave a message?	**Detewê peyamêk cê bhêllî?**
This is not...	**Eme ... nîye.**
You are mistaken.	**To be helleda çûyt.**
This is the ... office.	**Eme ofîsî ...-e.**

c – *j*am, ç – *ch*urch, j – lei*s*ure, ş – *sh*ut, x – lo*ch*, xh – *gh*

COMMUNICATIONS

Hello, I need to speak to ...	**Sillaw, min demewêt le gell... qise bikem.**
Sorry wrong number.	**Bibure jimareke helleye.**
I want to call ...	**Min demewê telefon bo ... bikem.**
What is the code for ...?	**Kodî... çîye?**
What is the international dialing code?	**Kodî jimarey cîhanî çîye?**
What do I dial for an outside line?	**Çî lêbdem bo wergirtinî xetî derewe?**
The number is...	**Jimareke ...-e**
The extension is...	**Jimarey êkstênşineke ...-e.**
It's engaged.	**Meşxhulle.**
The line has been cut off.	**Xeteke brrawe.**
Where is the nearest public phone?	**Nzîktrîn telefonî giştî le kwêweye?**

—Technical words

digital	**dîcîtall**
email	**îmeyll**
extension (number)	**êkstênşin (bo jimarey telefon bekar dêt)**
fax	**faks**
fax machine	**amêrî faks**
handset	**deskî telefon**
international operator	**fermanberî bedaley cîhanî**
internet	**înternêt**
internet café	**înternêt kafê**
line	**xet; hêll**

a – father, e – man, ê – pay, u – put, û – shoot

mobile phone; cellphone	**telefonî destî; mobayel**
modem	**modêm (hî kompyûtere)**
operator	**fermanberî bedale**
satellite phone	**telefonî setelayt**
telecommunications	**rrageyandinî zanyarî elektronî u peywendî dûr**
telephone center	**binkey telefon; senterî telefon**
to transfer/put through	**bo teh'wîl krdin**

—Faxing & emailing

Where can I send a fax from?	**Le kwê detwanim faksêk brnêrim?**
Can I fax from here?	**Detwanim faksêk lerewe bnêrim?**
How much is it to fax?	**Faks krdin be çende?**
Where can I find a place to email from?	**Le kwê detwanim şwênê bdozmewe bo ewey îmeyll bnêrim?**
Is there an internet café near here?	**Lem nawe înternêt kafê heye?**
Can I email from here?	**Detwanim lêrewe îmeyll bnêrim?**
I would like to send an email.	**Min demewê îmell bnêrim.**
How much is it to use a computer?	**Nirxî bekar hênanî kompyuter çende?**
How do you turn on this computer?	**Çon em kompyutere dadegîrsênît?**
The computer has crashed.	**Kompyutereke têkçûe.**

c – *j*am, ç – *ch*urch, j – lei*s*ure, ş – *sh*ut, x – lo*ch*, xh – *gh*

I don't know how to use this program.	**Min nazanim çon em programe bekar bhênim.**
I know how to use this program.	**Min dezanim çon em programe bekar bhênim.**
I want to print.	**Demewê çap bikem.**

—Festivals

Remezan Ramadan, the Islamic month of fasting.

A'îd el Fitr also known as Id al-Saghir, the breaking of the fast at the end of Ramadan.

A'îd el Qurban also known as A'îd el Aza or A'îd el Kebîr, the "Feast of the Sacrifice" celebrates the hajj pilgrimage and the time when the Prophet Ibrahim wished to sacrifice his son Ismail to God but God put a ram in the boy's place – it is a time for exchanging gifts and visiting family and friends.

Newroz celebrates the start of the traditional Kurdish New Year on March 21.

a – father, e – man, ê – pay, u – put, û – shoot

14. THE OFFICE

chair	**kursî**
computer	**kompyuter**
desk	**mêz**
drawer	**çekmece**
fax	**faks**
file *paper/computer*	**faylî *kaxhez/ kompyuter***
meeting	**kobûnewe**
paper	**kaxhez**
pen	**pênûs; qellem**
pencil	**qellemî resas**
photocopier	**amêrî fotokopî**
photocopy	**fotokopî**
printer	**prînter**
(computer) program	**program**
report	**rraport**
ruler	**rraste**
scanner	**skaner**
telephone	**telefone**
telex	**brûske**

15. THE CONFERENCE

article written	**wtarî rrojname**
a break for refreshments	**pşû**
conference room	**jûrî konfrans**
copy	**kopî**
discussion	**lêdwan; bas krdin**
forum	**menber; mînber**
guest speaker	**mîwanî qiseker**
podium	**sekoy qise krdin**
projector	**placiktor; procêkter**
session	**mawey kobûneweyek**
speaker	**qiseker**
subject	**babetî xwêndin**
to translate	**werdegêrrêt**
translation	**wergêrran**
translator	**ziman wergerr**

16. EDUCATION

to add	**ko dekatewe**
addition	**ko kirdinewe**
bench	**mêzî kar krdin**
biro	**qellemî caf**
blackboard	**texte rreş**
book	**ktêb**
calculation	**jimardin**
to calculate	**dejmêrêt;**
	dexemllênêt
chalk	**debaşîr**
class	**pol**
to copy	**le berî denûsêtewe**
to count	**dejmêrêt**
crayon	**qellemî boye**
difficult	**quris; zeh'met**
to divide	**dabeşî dekat**
division	**dabeş krdin**
easy	**asan**
eraser	**asantir**
exam	**taqîkrdinewe;**
	îmtîh'an
exercise book	**ktêbî rrahenan**
to explain	**şî dekatewe**
felt-tip pen	**qellemî caf**
geography	**cuxrafya**
glue	**ketîre; sîkotîn**
grammar	**rrêzman**
history	**mêjû**
holidays	**katî pşû; a'utlle**
homework	**wezifeyî mall**
illiterate	**nexwendewarî**
language	**ziman**

c – *j*am, ç – *ch*urch, j – lei*s*ure, ş – *sh*ut, x – lo*ch*, xh – *gh*

laziness	**temelli**
to learn by heart	**derxî dekat**
lesson	**wane**
library	**ktêbxane**
literature	**wêje; edeb**
maths	**matmatîk; bîrkarî**
memory	**bîr; zakîre**
multiplication	**lêkdan**
to multiply	**lêk dedat**
notebook	**perrtûkî têbînî**
page	**laperre**
paper	**kaxhez**
to pass *an exam*	**derçûn le taqî krdineweyek**
pen	**pênûs; qellem**
pencil	**qellemî resas**
progress	**pêşkewtin**
to punish	**siza deda**
pupil	**qûtabî**
to read	**dexwênêtewe**
to repeat	**dûbare dekatewe**
rubber *eraser*	**lastîkî xet kûjanewe**
ruler *instrument*	**rraste**
satchel	**canta**
school	**qutabxane; mekteb**
sheet *of paper*	**perrey kaxhez**
slate	**qellemî rreş**
student *university*	**qûtabî zanko**
to subtract	**lêy der dekat**
subtraction	**derkrdin**
sum	**yeksane**
table	**kûrsî; reh'le**
teacher	**mamosta**
to test *academic*	**taqî dekatewe**
time	**kat**

17. AGRICULTURE

agriculture	**kiştukall**
barley	**co**
barn	**gewirr**
cattle	**rrane ga; komelêk manga**
combine harvester	**ber u bûmî têkell**
corn	**genmeşamî**
cotton	**pemû; loke**
crops	**dexhll u dan**
to cultivate	**kiştukall krdin**
earth *land*	**zewî**
soil	**xak; xoll**
fallowland	**zewî h'esawe**
farm	**kêllge; bêstan**
farmer	**cûtyar**
farming	**cûtyarî**
to feed an animal	**alîk dan be ajell**
fertilizer	**peyn**
field	**kêllge**
fruit	**mîwe**
furrow	**hêllî cût**
garden	**bax**
grass	**gya**
to grind	**harrîn**
to grow *crops*	**dexhll u dan gewre krdin**
harvest	**dirwêne; drew; ber u bûm**
hay	**pûş; ka**
haystack	**kellekey pûş**
irrigation	**awdan; awdêrî**
leaf	**gella**

c – *j*am, ç – *ch*urch, j – lei*s*ure, ş – *sh*ut, x – lo*ch*, xh – *gh*

livestock	**merr u mallat**
maize	**genmeşamî**
manure	**peyn**
marsh	**horr; zelkaw**
meadow	**perêz; mêrg**
to milk *an animal*	**şîr dadoşîn**
mill	**aş; dest-harr**
miller	**aşewan**
millstone	**berdî aş**
orchard	**bêstan**
palm	**dar xurma**
to plant	**rrûek rrûandin**
to plow	**zewî hellkendin**
potato	**petate**
poultry	**dewacin; mrîşk u melî mallî**
to reap	**dirwêne krdin; drûne krdin**
rice	**brinc**
root	**rreg**
season	**weriz**
seeds	**tou; dan**
to shoe *a horse*	**nall krdinî esip**
sickle	**das**
silkworms	**krmî awrîşim**
to sow	**tow daçandin**
straw	**ka; pûş**
tractor	**traktor**
tree	**dar**
trunk *of tree*	**naw qedî dar**
vine	**darî trê**
wheat	**genim**
well *of water*	**bîr; karêz**

a – father, e – man, ê – pay, u – put, û – shoot

18. ANIMALS

—Mammals

bat	şemşemekwêre
bear	wriç
boar	berazî kêwî nêr
buffalo	gamêş
bull	ga
calf	golik; gwêreke
camel	h'ûştir; wştir
cat	pşîle
cow	manga
deer	asik
dog	seg
donkey	ker
elephant	fîl
ewe	merr; beran
ferret	corêkî pşîleye
flock	rewe; mêgel
fox	rrêwî
gazelle	asik
goat	bzin
herd	mêgel; rran
horse	esip
lamb	berx
leopard	corêkî pllinge
lion	şêr
mare	mayn
monkey	meymûn
mouse	mşik
mule	êstir
ox	ga
pig	beraz
pony	core espêkî bçûke

c – *j*am, ç – *ch*urch, j – lei*s*ure, ş – *sh*ut, x – lo*ch*, xh – *gh*

ANIMALS

rabbit	**kerwêşik**
ram	**beran; nêrey marr**
rat	**circ**
sheep	**merr**
squirrel	**smore**
stallion	**esip**
tiger	**plling**
wolf	**gurg**

—Birds

bird	**ballinde; mel; teyr**
chicken/hen	**mrîşik**
cock/rooster	**kelleşêr**
crow	**qele rreş**
dove	**kotir**
duck	**qaz**
eagle	**dall**
falcon	**baz**
goose	**qazî mêye**
hawk	**baz**
nightingale	**bulbul**
owl	**kûnepepû**
parrot	**tûtî; bebexha**
partridge	**kew; qetê; swêske**
peacock	**tawis**
pigeon	**kotir**
rooster	**kelleşêr**
sparrow	**çoleke**
turkey	**qel**
vulture	**dall**

—Insects & amphibians

ant	**merûle**
bee	**heng**
butterfly	**pepûle**

a – father, e – man, ê – pay, u – put, û – shoot

ANIMALS

caterpillar	krmêke debête pepûle
cobra	kobra
cockroach	qalunçe
crab	qirjall
cricket	sîsrkî rreş
fish	masî
flea(s)	kêç
fly	mêş
frog	boq
grasshopper	megezêkî gyaye
hedgehog	jîşik
insect	megez
lizard	marmêlke
louse/lice	espê; rrşik
mosquito	mêş
scorpion	dûpşik
snake	mar
spider	callcalloke
tick	geney xwen mjî ser pêstî ajell
viper	core marêkî jahrawîye
wasp	zerdewalle
worm	krim

19. COUNTRYSIDE

canal	kenall
cave	eşkewt
dam	sed; berbestî aw
desert	byaban
earthquake	bûmelerze
fire	agir
flood	lafaw
foothills	grdî damên şax
footpath	rrêçke
forest	daristan
glacier	heresî befir
hill	gird
lake	deryaçe
landslide	darûxanî la gird yan şaxêk
mountain	şax
mountain pass	şwênî rrê krdinî şax
peak	lûtke; tropk
plain/plains	destî; deştayî
plant	rrûek
range/mountain range	zincîrey şax
river	rrûbar
river bank	demî rrûbar
rock	taşe berd
slope	nşêw; lêjî
stream	coge
summit	tropk; lûtke
swamp	zelkaw; qûrraw
tree	dar
valley	doll; şîw; kend
waterfall	şelal
a wood	daristan

a – father, e – man, ê – pay, u – put, û – shoot

20. WEATHER

What's the weather like?	**Aw u hewa çone?**
The weather is ...	**Aw u hewa ...-e**
today.	**emrro.**
cold	**sard**
cool	**fênik**
fresh	**fênik**
cloudy	**hewir**
freezing	**bestellek; zor sard**
hot	**gerim**
misty	**tem u mij**
very hot	**zor gerim**
windy	**ba; rreşeba**
It's going to rain.	**Berew baran barîn deçêt.**
It is raining.	**Baran debarêt.**
It's going to snow.	**Berew befir barîn deçêt.**
It is snowing.	**Befir debarêt.**
It is very sunny.	**Hetawekey zore.**
air	**hewa**
cloud	**hewir**
frost	**bestellek**
full moon	**mangî çwarde şew**
hot wind	**bayekî gerim**
ice	**seholl**
moon	**mang**
new moon	**mangî taze**
rain	**baran**
season	**weriz**
snow	**befir**

c – *j*am, ç – *ch*urch, j – lei*s*ure, ş – *sh*ut, x – lo*ch*, xh – *gh*

WEATHER

star	**estêre**
summer	**hawîn**
sun	**xor; hetaw**
weather	**aw u hewa; cew**
winter	**zistan**

21. CAMPING

Where can we camp?	**Le kwê detwanîn çadir helldeyn?**
Is it safe to camp here?	**Selamete eger lêre çadir helldeyt?**
Is there danger of wild animals?	**Metrsî ajellî kêwî heye?**
Is there drinking water?	**Awî xwardinewe heye?**
May we light a fire?	**Detwanîn lêre agir bkeynewe?**

— Kit

axe	**tewir**
bucket	**setill; metare**
campsite	**muxeyem**
can opener	**klîlî qutû hellpiçrrîn**
compass	**qîblenima**
firewood	**çîlkey agir krdinewe**
gas canister	**qutîley xhaz**
hammer	**çekûş**
ice axe	**seholl şkên**
lamp	**çira**
mattress	**h'esîr; rraxer**
penknife	**çeqoyekî bçûk**
rope	**gurîs; pet**
sleeping bag	**kîsey xew**
stove	**zopa**
tent	**çadir; xêwet**
water bottle	**cewene**

---

c – *j*am, ç – *ch*urch, j – lei*s*ure, ş – *sh*ut, x – lo*ch*, xh – *gh*

22. EMERGENCY

—Help expressions

Help!	**Yarmetî!**
Could you help me, please?	**Be yarmetît; detwanît yarmetîm bdeyt?**
Do you have a telephone?	**Telefonêktan heye?**
Can I use your telephone?	**Detwanim telefoneket bekar bhênim?**
Where is the nearest telephone?	**Nzîktrîn telefon le kwêweye?**
Does the phone work?	**Telefoneke îş dekat?**
Get help quickly!	**Daway yarmetî bke!**
Call the police!	**Polîs bang bke!**
I'll call the police!	**Min polîs bang dekem!**
Is there a doctor near here?	**Diktorêk heye lem nzîkane?**
Call a doctor.	**Diktorêk bang ke.**
Call an ambulance.	**Ûtumbêlî fryaguzarî bang ke.**
Where is the doctor?	**Pzîşkeke** (*or* **diktoreke) le kwêye?**
Where is the hospital?	**Nexoşxaneke le kwêweye?**
Where is the pharmacy?	**Dermanxaneke le kwêweye?**
Where is the dentist?	**Dansazeke le kwêweye?**
Where is the police station?	**Polîsxaneke le kwêweye?**
Take me to a doctor.	**Bimbe bo lay diktor** (*or* **pzîşk).**

a – f**a**ther, **e** – m**a**n, **ê** – p**ay**, **u** – p**u**t, **û** – sh**oo**t

There's been an accident!	**Rrûdawêk (or h'adîseyek) rrûydawe!**
Is anyone hurt?	**Kes a'ezêtî geyştûe?**
This person is hurt.	**Em zelame a'ezêtî geyştûe.**
There are people injured.	**Hendê kes brîndar bûn.**
Don't move!	**Necûllêyt!**
Go away!	**Laço!**
Stand back!	**(Le) dûr rre westa!**
I am lost.	**Min win bûm.**
I am ill.	**Min nexoşim.**
I've been robbed.	**Dzîm lê kra.**
Thief!	**Diz!**
My ... has been stolen.	**...-em lê dizrawe.**
I have lost my bags.	**Min cantakanim win kirdûe.**
I have lost my camera.	**Min kamêrakem win kirdûe.**
I have lost my handbag.	**Min cantay destekemim win kirdûe.**
I have lost my laptop computer.	**Min laptopekem win kirdûe.**
I have lost my money.	**Min parekem win kirdûe.**
I have lost my passport.	**Min pasportekem win kirdûe.**
I have lost my traveler's checks.	**Min çekî seferekem win kirdûe.**
I have lost my wallet.	**Min cizdanekem win kirdûe.**
I have lost my group.	**Le grûpekem win bûm.**

c – *j*am, ç – *ch*urch, j – lei*s*ure, ş – *sh*ut, x – lo*ch*, xh – *gh*

I have a problem.	**Min griftêkim heye.**
Forgive me.	**Lêm bibure.**
I speak English.	**Min Înglîzî qise dekem.**
I need an interpreter.	**Min pêwîstim be zman wergêrrêke.**
Where are the toilets?	**Awdestekan le kwêwen?**

a – father, e – man, ê – pay, u – put, û – shoot

23. HEALTHCARE

What's the trouble?	**Grftit çîye?**
I am sick.	**Min nexoşim.**
My companion is sick.	**Hawellekem nexoşe.**
May I see a female doctor?	**Detwanim diktorêkî (*or* pzîşkêkî) jin bibînim?**
I have medical insurance.	**Min zemanî seh'îm heye.**
Please undress.	**Tkaye, xot rrût bikerewe.**
How long have you had this problem?	**Çenêke to em griftet heye?**
How long have you been feeling sick?	**Çenêke hest be nasaxhî dekeyt?**
Where does it hurt?	**Kwêt dêşê?**
It hurts here.	**Ere dêşê.**
I have been vomiting.	**Min derrşamewe.**
I feel dizzy.	**Min hest be gêjî dekem.**
I can't eat.	**Min natwanim nan bxom.**
I can't sleep.	**Natwanim bxewim.**
I feel worse.	**Hest dekem xraptrim.**
I feel better.	**Hest dekem baştrim.**
Do you have diabetes?	**Aya şekret heye?**
Do you have epilepsy?	**Aya fêt heye?**
Do you have asthma?	**Aya rrebût heye?**
I have diabetes.	**Min şekrem heye.**
I have epilepsy.	**Min fêm heye.**
I have asthma.	**Min rrebûm heye.**
I'm pregnant.	**Min skim heye.** *or* **Min dû gyanim.**

c – *j*am, ç – *ch*urch, j – lei*s*ure, ş – *sh*ut, x – lo*ch*, xh – *gh*

HEALTHCARE

—Diagnosis

I have a cold.	**Min sermam bûe.**
I have a cough.	**Min kokem heye.**
I have a headache.	**Min ser êşem heye.**
I have a pain.	**Min azarim heye.**
I have a sore throat.	**Min qurig awsawe.**
I have a temperature.	**Min lerz u tam heye.**
I have an allergy.	**Min h'esasyetim heye.**
I have an infection.	**Min îltîhabim heye.**
I have an itch.	**Min xurûm heye.**
I have backache.	**Min pişt êşem heye.**
I have constipation.	**Min qebzim.**
I have diarrhea.	**Min sik çûnim heye.**
I have a fever.	**Min lerz u tam heye.**
I have hepatitis.	**Min nexoşî awsanî cigerim heye.**
I have indigestion.	**Min griftî heris krdinim heye.**
I have influenza.	**Min enflonzam heye.**
I have a heart condition.	**Min nexoşî dillim heye.**
I have "pins and needles".	**Min sirr bûm.**
I have a stomach ache.	**Min gedem dêşe.**
I have a fracture.	**Min şkawîm heye.**
I have a toothache.	**Min dan êşem heye.**
You have a cold.	**To sermat bûe.**
You have a cough.	**To koket heye.**
You have a headache.	**To ser êşet heye.**
You have a pain.	**To azarit heye.**
You have a sore throat.	**To qurgit awsawe.**
You have a temperature.	**To lerz u tat heye.**
You have an allergy.	**To h'esasyetit heye.**

a – father, e – man, ê – pay, u – put, û – shoot

You have an infection.	**To îltîhabit heye.**
You have an itch.	**To xurût heye.**
You have backache.	**To pişt êşet heye.**
You have constipation.	**To qebzît heye.**
You have diarrhea.	**To sik çûnit heye.**
You have a fever.	**To lerz u tat heye.**
You have hepatitis.	**To nexoşî awsanî cigerit heye.**
You have indigestion.	**To grifî gedet heye.**
You have influenza.	**To enflonzat heye.**
You have a heart condition.	**To nexoşî dillit heye.**
You have "pins and needles".	**To sirr bûnit heye.**
You have a stomach ache.	**To azarî gedet heye.**
You have a fracture.	**To şkawit heye.**
You have a toothache.	**To dan êşet heye.**
I take this medication.	**Min em dermane werdegrim.**
I need medication.	**Min pêwîstim be dermane.**
What type of medication is this?	**Eme çî core dermanêke?**
How many times a day must I take it?	**Le rrojekda debêt çend car werîbgrim (*or* bîxom)?**
How long must I take it?	**Debêt bo mawey çend werîbgrim?**
I'm on antibiotics.	**Min leser entîbayotîkim**
I'm allergic to ...	**Min h'esasyetim be ... heye.**
I do not need a vaccine.	**Min pêwîstim be kûtan nîye.**

c – *j*am, ç – *ch*urch, j – lei*s*ure, ş – *sh*ut, x – lo*ch*, xh – *gh*

I have my own syringe.	**Min srincî xomim pêye.**
Is it possible for me to travel?	**Aya detwanim sefer bikem?**

—Health words

AIDS	**aîdz**
alcoholic	**elkuhulî**
alcoholism	**taybete be elkuhulewe**
amputation	**brrînewey pel yan endamêkî leş**
anemia	**kem xwênî**
anesthetic	**benc**
anesthetist	**diktorî benc**
antibiotic	**entîbayotîk; dije mîkrob**
antiseptic	**pak kerewe**
aspirin	**esprîn**
blood	**xwên**
blood group	**grûpî xwên**
blood pressure:	
low blood pressure	**pestanî nizmî xwên**
high blood pressure	**pestanî berzî xwên**
blood transfusion	**xwên gûastinewe**
bone	**êsqan**
cancer	**şêrpence; seretan**
cholera	**kolêra**
clinic	**a'eyade**
cold: head cold	**hellamet**
dentist	**dansaz**
diarrhea	**sikçûn**
dizzy	**gêj; kas**
Do you feel dizzy?	**Hest ekê be gêjî?**
I feel dizzy.	**Hest ekem gêjim.**

a – father, e – man, ê – pay, u – put, û – shoot

drug *medical*	**derman**
narcotic	**muxederat**
epidemic	**dirmîye; sarî**
fever	**lerz u ta**
food poisoning	**jehrawî bûn be xwardin**
I ate this food.	**Min em xwardinem xward.**
flu	**hellamet**
germs	**mikrob**
heart attack	**nexoşî westanî kit u prrî dill; sekte; celltey dill**
HIV	**bektryay aîdz**
hygiene	**pakî**
infection	**îltîhab**
insect bite	**megez gestin**
This insect bit me.	**Em megeze gestimî.**
itching	**xuran**
jaundice	**zerdûyî**
limbs	**dest u qaç**
malaria	**melarya**
mosquito bite	**gazî mêş**
needle	**derzî**
nurse	**sister; muzemîd**
operating theater/room	**jûrî neştergerî**
(surgical) operation	**neştergerî**
oxygen	**oksicîn**
painkiller	**h'ebî azar**
physiotherapy	**çareser krdinî srûştî; a'îlac tebîa'î**
rabies	**nexoşî harî (le segewe tûşî debît)**
rash	**xuran**

c – *j*am, ç – *ch*urch, j – lei*s*ure, ş – *sh*ut, x – lo*ch*, xh – *gh*

sleeping pills	**h'ebî xew**
smallpox	**awlle**
snake bite	**mar gestin**
This snake bit me.	**Em mare gestimî.**
stethoscope	**amêrî fehis krdinî**
	nexoş; semaa'e
sunstroke	**be germa çûn; hetaw**
	lêdanî zor
surgeon	**pzîşkî brînkar; cerah'**
(act of) surgery	**neştergerî**
syringe	**srinc**
thermometer	**germî pêw**
tiredness	**mandûyî**
tranquilizer	**muhedî'**
venereal disease	**nexoşî endamekanî**
	zaw u zê
virus	**vayros**
vomiting	**rrşanewe**

—Eyecare

I have broken my glasses.	**Min çawîlkekanim şkandwe.**
Can you repair them?	**Detwanît çakyan bkeytewe?**
I need new lenses.	**Min pêwîstim be a'edesey tazeye.**
When will they be ready?	**Key amade debin?**
How much do I owe you?	**Çenêkit qerzarim?**
contact lenses	**a'edesey lasiqe**
contact lens solution	**pak kerewey a'edesey lasiqe**

a – father, e – man, ê – pay, u – put, û – shoot

24. RELIEF AID

Can you help me?	**Detwanit yarmetim bdeyt?**
Can you speak English?	**Detwanît be Înglîzî qise bkeyt?**
Who is in charge?	**Kê lêpirsrawe?**
Fetch the main person in charge.	**Ew kese serekyey ke lê pirsrawe bom bang ke.**
What's the name of this town?	**Nawî em şaroçkeye çîye?**
How many people live there?	**Çend kes lewê dejî?**
What's the name of that river?	**Nawî ew rrûbare çîye?**
How deep is it?	**Çend qûlle?**
Is the bridge down?	**Aya pirdeke dakewtûe?**
Is the bridge still standing?	**Hêşta pirdeke rrawestawe?**
Where can we ford the river?	**Le kwêwe detwanîn le rrûbareke bperrînewe?**
What is the name of that mountain?	**Nawî ew şaxe çîye?**
How high is it?	**Çend berze?**
Where is the border?	**Snûreke le kwêweye?**
Is it safe?	**Aya selamete?**
Show me.	**Pîşanim de.**

—Earthquake

earthquake	**bumerlaze**
after-shock	**dwaî bumerlaze**

c – *j*am, ç – *ch*urch, j – lei*s*ure, ş – *sh*ut, x – lo*ch*, xh – *gh*

Is there anyone injured?	**Aya kesik brîndar bû?**
Is there anyone trapped?	**Kesik gîrî xward?**
How many survivors are there?	**Çend kes rizgarî bû?**
Where?	**Le kwê?**
How many are missing?	**Çend kes gum bûn?**
Who?	**Kîn?**
What are their names?	**Nawyan çîye?**
Keep quiet!	**Be ser xo be!** *or* **Bê deng be!**
Can you hear a sound?	**Gwêt le dengîe?**
I can hear a sound.	**Min gwêm le dengîyetî.**
Under that building.	**Le jêr ew bînaye.**
Help me clear the rubble!	**Yarmetîm be bo pak kirdnewêyî zibil/xak-u-xol!**
Danger!	**Metirsî!**
It's going to collapse!	**Erûxêt!**
It's safe!	**Ew metirsîdar nîye!**
It's not safe!	**Ew metirsîdare!**
sniffer dog	**sagî bon**

— Checkpoints

checkpoint	**xallî pişknîn**
roadblock	**rrêga gîran**
Stop!	**Boste!**
Do not move!	**Necûllêyt!**
Go!	**Brro!**
Who are you?	**To kêyt?**
Don't shoot!	**Teqe meke!**
Help!	**Yarmetî!** *or* **Fryamkewin!**
Help me!	**Yarmetim bide!**
no entry	**çûne jûrewe**

a – father, e – man, ê – pay, u – put, û – shoot

	qedexheye
emergency exit	**derçûnî fryaguzarî**
straight on	**rrast; rrêk**
turn left	**be deste çepda pêç bkerewe**
turn right	**be deste rrastda pêç bkerewe**
this way	**lêrewe**
that way	**lewêwe**
Keep quiet!	**Bê deng be!**
You are right.	**To rrast dekeyt.**
You are wrong.	**To helleyt.**
I am ready.	**Min amadem.**
I am in a hurry.	**Min peleme.**
What's that?	**Ewe çîye?**
Come in!	**Were jûrewe!**
That's all!	**Her ewende!**

—Food distribution

feeding station	**wêstgey xwardin**
How many people are in your family?	**Çend kes le xêzanketda heyeş?** *or* **Xezaneket çend kesin?**
How many children?	**Çend mindall?**
You must come back ...	**Debêt ... bgerrêytewe.**
this afternoon	**em paş nîwerroye**
tonight	**em şew**
tomorrow	**sbeynê; beyanî**
the day after tomorrow	**dû beyanî**
next week	**h'eftey dahatû**
There is water for you.	**Ewe aw bo to.**
There is grain for you.	**Ewe çew bo to.**
There is food for you.	**Ewe xwardin bo to.**

c – *j*am, ç – *ch*urch, j – lei*s*ure, ş – *sh*ut, x – lo*ch*, xh – *gh*

There is fuel for you. **Ewe sûtemenî bo to.**
Please form a queue **Tkaye rrîzêk drûstken**
(here/there)! **(êre/ewê)!**

—Road repair

Is the road passable? **Ew rregeye şyawî**
têperrbûne?

Is the road blocked? **Rrêgake gîrawe?**
We are repairing the **Ême rregeke çak**
road. **dekeynewe.**
We are repairing the **Ême pirdeke çak**
bridge. **dekeynewe.**
We need ... **Ême ...-man pêwîste.**
  wood   **texte**
  a rock   **berdêk**
  rocks   **berdekan**
  gravel   **çew**
  sand   **lim**
  fuel   **sûtemenî**
Lift! **Berzî kerew!**
Drop it! **Daynê!**
Now! **Êsta!**
All together! **Hemûy beyekewe!**

—Mines

mine(s) **mîn**
minefield **kêllgey mîn**
to lay mines **mîn danan; daçandin**
to hit a mine **mîn berkewtin**
to clear a mine **mîn pak krdinewe**
mine detector **mîn dozerewe; mîn**
hellgirewe
mine disposal **mîn hellgirtinewe**
Are there any mines **Hîç mîn lem nzîke**
near here? **heye?**

a – father, e – man, ê – pay, u – put, û – shoot

What type are they?	**Çorêkin?**
anti-vehicle	**dije ûtumbêl; ûtumbêl skên**
anti-personnel	**dije xellik; mrov-kûj**
plastic	**plastîk; baxhe**
magnetic	**mugnatîkî**
What size are they?	**Qebareyan çone?**
What color are they?	**Rrengyan çone?**
Are they marked?	**Aya nîşane krawin?**
How?	**Çon?**
How many mines are there?	**Çend mîn le wêdaye?**
When were they laid?	**Key danrawin?** *or* **Key çandrawin?**
Can you take me to the minefields?	**Detwanît bimbeyt bo kêllgey mîneke?**
Are there any booby traps near there?	**Hîç telley gêl lew nzîke heye?**
Are they made from grenades, high explosives or something else?	**Le narincok yan barûtî hestyar yan le ştêkî dîke drûst krawin?**
Are they in a building?	**Le bînadan?**
on paths?	**şwên rrê krdin?**
on roads?	**rregakan?**
on bridges?	**pirdekan?**
or elsewhere?	**yan le şwênî tir?**
Can you show me?	**Detwanît pîşanim bdeyt?**
Stay where you are!	**Le şwênî xot rraweste!**
Don't move!	**Mecûllê!**
Don't go near that!	**Nzîkî ewe mekewe!**
Don't touch that!	**Destkarî ewe nekeyt!** *or* **Destkarî ewe meke!**

c – *j*am, ç – *ch*urch, j – lei*s*ure, ş – *sh*ut, x – lo*ch*, xh – *gh*

—Other words

airforce	**hêzî asmanî**
ambulance	**ûtumbêlî fryaguzarî**
armored car	**zrêpoş**
army	**leşkir**
artillery	**medfea'ye; topî ceng**
barbed wire	**telî alloskaw**
bomb	**top; bomba**
bomber	**medfea'ye**
bullet	**fîşek**
cannon	**topî ceng**
cluster bomb	**topî hêşûyî**
disaster	**karesat**
drought	**wişkyî**
earthquake	**bûmelerze**
famine	**wişkyî**
fighter	**cengawer; şerrker**
gun: *pistol*	**demançe**
rifle	**tifeng**
cannon	**medfea'ye**
machine-gun	**reşa?**
missile	**mûşek; sarrux**
mortar *weapon*	**hawen**
natural disaster	**karesatî srûştî**
navy	**hêzî deryayî**
nuclear power	**çekî etomî**
nuclear power station	**binkey çekî etomî** *or* **westgey çekî etomî**
officer	**efser**
parachute	**perreşût**
peace	**aştî**
people	**xellik**
refugee camp	**kempî penaber**
refugee	**penaber**
refugees	**penaberan**

a – father, e – man, ê – pay, u – put, û – shoot

relief aid	**komekî fryaguzarî**
sack	**kîse**
shell	**gûle top**
shelter	**dallde; pena**
tank	**debabe**
troops	**hêzî çekdar**
unexploded ammunition	**teqemenî neteqyû**
unexploded bomb	**bombî neteqyû; topî neteqyû**
unexploded ordnance	**cbexaney neteqyû**
war	**şer; ceng**
weapon	**çek; cekemanî**

—Weights & measures

Iraq uses the metric system. Here is a list of international units — for reference translations are included for the most common imperial units:

kilometer	**kîlometir**
meter	**metir**
mile	**mîl**
yard	**yard; gez**
foot	**pê**
acre	**donim**
liter	**lîtr**
gallon	**gallon**
ton; tonne	**ten**
kilogram	**kîlogram**
gram	**gram**
pound	**pawen**
ounce	**msqal**

---

c – *j*am, ç – *ch*urch, j – lei*s*ure, ş – *sh*ut, x – lo*ch*, xh – *gh*

25. WAR

airplane	**teyare; frroke**
air-raid	**hêrişî asmanî**
ambush	**kemîn**
ammunition	**zexîrey şer; zexîrey h'erbî**
anti-aircraft gun	**frrokeşken; dije frroke**
armored car	**zrêpoş**
arms	**çekemenî**
army	**leşkir**
artillery	**medfea'ye**
assault; attack	**pelamardan; hêriş krdin**
aviation	**frrîn**
bayonet	**xencerî ser lûle tifeng**
to beat *overcome*	**serkewtin**
belt	**qayş**
bomb	**bomba; top**
bombardment	**topbaran; bombard krdin**
butt *of rifle*	**deskî tifeng**
to camouflage	**torrî xoh'eşardan**
captain	**kaptin**
cartridge	**fîşek**
ceasefire	**agirbest; şer westan**
chief of staff	**serokî karmendan**
to command	**fermandan; berrêwebrdin**
to conquer	**dagîr krdin**
dagger	**xencer**
defeat	**şkistî**
to defeat	**şkistî hênan**

a – father, e – man, ê – pay, u – put, û – shoot

to destroy	**têkdan; rruxandin**
detonation	**teqînewe**
enemy	**dujmin**
to evacuate	**çoll krdin**
to explode	**teqînewe**
to free	**serbest krdin**
freedom	**serbestî**
general	**jenrrall**
grenade	**rrumane; narincok**
gun	**demançe**
helicopter	**helîkopter**
hostage	**barimte; esîr**
to invade	**pelamardanî wllatêk; dagîr krdin**
jihad	**cîhad**
to kill	**kûştin**
to liberate	**azad krdin**
liberty	**azadî**
lieutenant	**mulazim ewel**
lieutenant-colonel	**muqedem**
lieutenant-general	**ferîq**
to loot	**tallan krdin; ferhûd krdin**
to lose	**le destdan; dorrandin**
machine gun	**rreşaş**
major-general	**jenerrallî gиştî**
martyr	**şehîd**
military university	**kolêjî serbazî**
military school	**qûtabxaney serbazî**
mine: anti-personnel	**mînî dije xellik; mrov-kûj**
anti-tank	**mînî dije debabe; debabe şkên**
munitions	**zexîrey şerr; zexîrey h'erbî**

c – *j*am, ç – *ch*urch, j – lei*s*ure, ş – *sh*ut, x – lo*ch*, xh – *gh*

objective	**amanc**
opponent	**dij; beramber**
patrol	**h'esh'es; pasewanî gerrok**
peace	**aştî**
to make peace	**sullih' krdin; aştbûnewe**
personnel *military*	**fermanber**
pilot	**frrokewan**
pistol	**demançe**
plane	**frroke**
prisoner	**dîl; zînadan**
to take prisoner	**be dîlgrtin; bendkrdin**
to pursue	**gerran bedwada; dwakewtin; taqîbkrdin**
raid	**hêrşêkîkt u pirr**
air-raid	**hêrşî asmanî**
regiment	**betalyon; fewc**
reinforcements	**pştîwanî krdin**
to resist	**bergrî krdin; xorragrtin**
to retreat	**paşekişe; kişandinewey leşkir**
rifle	**tifeng**
rocket	**mûşek; sarrux**
rocket-launcher	**mûşek hellder**
shell *military*	**gûle top**
shelter	**dallde**
to shoot down	**teqe lêkrdin**
shrapnel	**parçey mîn yan qumbele**
siege	**abllûqedan**
soldiers	**serbaz**
spy	**casus; sîxurr**

a – father, e – man, ê – pay, u – put, û – shoot

staff *army*	**karmend**
submachine gun	**rreşaş**
to surrender	**xobedestewedan; teslîmbûn**
to surround	**dewredan; ablluqedan**
to take shelter	**dalldedan**
tank	**debabe**
tracer bullet	**fîşekî girrdar**
truce	**agirbest; hudne**
victory	**serkewtin**
war	**şer; ceng**
weapon	**çek**
to win	**birdnewe**
to wound	**brîndar krdin**

26. POLITICS

aid worker	**karmendî komekî**
ambassador	**ballwêz; sefîr**
to arrest	**grtin**
assassination	**kuştin; îxhtyal**
assembly *meeting*	**kobunewey encumen**
parliament	**perleman**
autonomy	**otonomî**
cabinet	**kabîne**
a charity	**dezgay xêrxwaz**
citizen	**hawllatî**
civil rights	**mafî şarî; h'iquqî**
	medenî
civil war	**şerrî nawxo**
coalition	**hawpeyman**
condemn	**nefret dekat;**
	serzenişt dekat
constitution	**destûr**
convoy	**karwan**
corruption	**bertîl xwardin**
coup d'etat	**înqîlab**
crime	**tawan; cerîmet**
criminal	**tawanbar**
crisis	**teng u çelleme;**
	tengane; ezme
dictator	**dîktator; zordar**
debt	**qeriz**
democracy	**dîmukrasîyet**
dictatorship	**dîktatoryet; zordarî**
diplomatic ties	**peywendî dîplomasî**
displaced person	**kesêkî rragwêzraw**
displaced persons/	**xellke**
people	**rragwêzrawekan**

a – father, e – man, ê – pay, u – put, û – shoot

POLITICS

election	**hellbjardin**
embassy	**ballwêzxane; sefareta**
ethnic cleansing	**paksazî nejadî**
exile	**menfa; dûre wllatî**
free	**serbest**
freedom	**serbestî**
government	**h'ukmet**
guerrilla	**gerrîla; partîzan**
hostage	**destbeser; esîr**
humanitarian aid	**komekî mirovayetî**
human rights	**mafî mrov**
imam	**îmam**
independence	**serbexoyî**
independent	**serbexo**
independent state	**dewlletî serbexo**
judge	**dadwer**
killer	**pyaw-kûj**
king	**paşa; şa**
law court	**dadgay yasayî**
law	**yasa**
lawyer	**parêzer**
leader	**pêşewa**
left-wing	**çep rrew**
liberation	**azadkrdin**
majority	**zorîne**
member of parliament	**endamî perleman**
mercenary	**caş**
minister	**wezîr; şalyar**
ministry	**wezaret**
minority	**kemîne**
ethnic minority	**rregezî kemayetî**
minority vote	**dengî kemîne**
murder	**pyaw-kûj**
opposition	**opozîsyon; mua'areze**
parliament	**perleman**

c – *j*am, ç – *ch*urch, j – lei*s*ure, ş – *sh*ut, x – lo*ch*, xh – *gh*

upper house	**encumenî balla**
lower house	**encumenî xwarû**
(political) party	**partî (syasî)**
politics	**rramyarî; syaset**
peace	**aştî**
peace-keeping troops	**hêzî asayş rragirtin**
politician	**syasî**
president	**serok**
prime minister	**serokî wezîran**
prison	**zîndan**
prisoner-of-war	**zîndanî ceng**
POW camp	**kempî zîndanekanî ceng**
probably	**lewaneye; rrenge**
protest	**xopîşandan**
political rally	**kobûnewey xellkêkî zor bo piştîwanî krdin le brrwayekî syasî**
reactionary *adjective*	**kardanewe**
Red Crescent	**hilalî sûr**
Red Cross	**xaçî sûr**
refugee	**penahende**
refugees	**penahendan**
revolution	**şorriş**
right-wing	**rrast rrew; rrast**
robbery	**dzî; rrûtkrdinewe**
seat (in assembly)	**kursî (le encumenda)**
secret police	**polîsî nhênî**
socialism	**soşyalî**
socialist	**soşyalîst**
spy	**casûs; sîxurr**
struggle	**têkoşan; xebatkrdin**
to testify	**şayetî deda**
theft	**dzî**
trade union	**yekêtî bazirganan**

a – father, e – man, ê – pay, u – put, û – shoot

treasury	**darayî**
United Nations	**Netewe Yekgirtwekan**
veto	**vîto**
vote	**deng**
vote-rigging	**fêllkrdin le**
	hellbjardinda
voting	**dengdan**
world	**cîhan**

—Keeping in contact

What is your address?	**Naw u nîşanî malit çiye?** *or*
	Adreseket çiye?
Here is my address.	**Eme adresekeme.**
What is your telephone number?	**Jumareyî telefuneket çiye?**
Here is my telephone number.	**Eme jumareyî telefunekeme.**
Give me your email address.	**Îmeyll adreseketem bederê.**
Here is my email address.	**Eme îmeyll adresekeme.**
Which hotel are you staying at?	**Le çe hutêlêk daniştuyît?**
I am staying at the Sulaimaniya Hotel.	**Min le Hutêlî Slêmanîm.**

---

c – *j*am, **ç** – *ch*urch, **j** – lei*s*ure, **ş** – *sh*ut, **x** – lo*ch*, **xh** – *gh*

27. TOOLS

binoculars	**dûrbîn**
brick	**xişt**
brush	**fillçe**
cable	**kêbll**
cooker	**tebax**
drill	**drêl**
gas bottle	**bûtllî xhaz**
hammer	**çekuş**
handle	**desk**
hose	**sonde**
insecticide	**megez-kûj**
ladder	**peyje**
machine	**mekîne**
microscope	**mîkroskob; zerrebîn**
nail	**bizmar**
padlock	**qufill**
paint	**boye**
pickax	**paç**
plank	**texte darî estûr**
plastic	**baxhe; plastîk**
rope	**gurîs; pet**
rubber	**lastîk**
saw	**mişar**
scissors	**meqest**
screw	**burxhû**
screwdriver	**dernefîz**
spade	**xakenaz**
spanner/wrench	**îspane**
string	**dezû**
telescope	**teleskob; dûrbîn**
varnish	**warnîş**
wire	**wayer**

a – father, e – man, ê – pay, u – put, û – shoot

28. THE CAR

Where can I rent a car (with a driver)?	**Le kwê detwanim ûtubêlêk (be şofêrewe) be krê bigrim?**
How much is it per day?	**Be çende rrojîy?**
How much is it per week?	**Be çende h'eftey?**
Can I park here?	**Detwanim ûtumbêleke lêre rragrim?**
Are we on the right road for ...?	**Aya ême le ser rrêy rrastîn bo ...?**
Where is the nearest petrol station?	**Nzîktrîn benzînxane le kwêweye?**
Fill the tank please.	**Tkaye, tenkereke pirr ke.**
Check the oil/tires/ battery, please.	**Tkaye rroneke/ tayekan/ patrîyekefeh'is ke.**
I have lost my car keys.	**Min klîlî ûtumbêle-kem win krdûe.**
I've broken down.	**Ûtumbêlekem şikawe.**
There is something wrong with my car.	**Ûtumbêlekem ştêkîyetî.**
There is something wrong with this car.	**Ew ûtumbêle ştêkîyetî.**
I have a puncture/ flat tire.	**Tayekem heway keme/pençere.**
I have run out of petrol.	**Benzînim pê nemawe.**
Our car is stuck.	**Ûtumbêlekeman çeqîwe.**
We need a mechanic.	**Wayermenêkman dewêt.**

c – *j*am, ç – *ch*urch, j – lei*s*ure, ş – *sh*ut, x – lo*ch*, xh – *gh*

THE CAR

Can you tow us?	**Detwanît rramankêşît?**
Where is the nearest garage?	**Nzîktrîn gerac le kwêweye?**
There's been an accident.	**Rrûdawêk rrûydawe.** *or* **H'adiseyek rrûydawe.**
My car has been stolen.	**Ûtumbêlekem dizrawe.**
Call the police!	**Polis bang ke!**

— Car words

air	**hewa**
clutch	**klac**
fender/bumper	**dea'amîye**
gas/petrol	**benzîn**
hood/bonnet	**bonît**
jack	**ceg**
mechanic	**mîkanîkî; wayermen**
neutral drive	**boş**
parking lot	**geracî krawe bo seyare rragirtin**
reverse	**pêçkrdinewe**
seat	**kûrsî**
speed	**xêrayî**
steering wheel	**wîl**
tank	**tenker**
tire/tyre	**taye**
spare tire	**tayey spêr; tayey zyade**
tow rope	**gûrîsî ûtumbêl rrakêşan**
trunk/boot	**piştî ûtumbêl; snûqî seyare**
windshield/windscreen	**camî pêşewe**
windshield wipers	**fillçey seyare**

a – father, e – man, ê – pay, u – put, û – shoot

29. SPORTS

athletics	**werzişî; rryazî**
ball	**top**
basketball	**topî sebete**
chess	**şetrenc**
cricket	**krîkit**
football	**dû gollî; topî pê**
goal	**goll**
golf	**gollf**
hockey	**hokî**
horse racing	**pêşbrkêy esip**
horse riding	**esip swarbûn**
match	**yarî**
pitch	**helldanî top le yarîda**
referee	**h'ekem**
rugby	**regbî**
skiing	**skîy; yarî ser befir**
squash	**skwaş**
stadium	**mela'eb**
swimming	**mele; melewanî**
team	**tîp**
tennis	**tênis**
wrestling	**zoranbazî**

Who won?	**Kê birdyewe?**
What's the score?	**Encameke çîyeş?** *or*
	Çend goll krawe?
Who scored?	**Kê golli kird?**

---

30. THE BODY

ankle	**cumgey beynî qaç u pê**
arm	**qoll; basik**
back	**pişt**
beard	**rrîş**
blood	**xwên**
body	**leş**
bone	**êsqan**
bottom	**simt; qing**
breast	**memik**
chest	**sing**
chin	**çenage**
ear	**gwê**
elbow	**enîşk**
eye	**çaw**
face	**dem u çaw**
finger	**pence**
foot	**pê**
genitals	**endamî zaw u zê**
hair	**qij**
hand	**dest**
head	**ser**
heart	**dill**
jaw	**şewîlag**
kidney	**gurçîle**
knee	**ejno**
leg	**qaç**
lip	**lêw**
liver	**iger**
lung	**sî**
mustache	**smêll**
mouth	**dem**

a – father, **e** – man, **ê** – pay, **u** – put, **û** – shoot

neck	**mil**
nose	**lût**
shoulder	**şan**
stomach	**gede; ma'îde**
teeth	**dan**
throat	**qûrrg**
thumb	**pence gewre**
toe	**pencey qaç**
tongue	**zman**
tooth	**danekan**
vein	**demar**
waist	**kemer**
womb	**mindalldan; rreh'im**
wrist	**meçek**

31. TIME & DATES

century	**sede**
decade	**de sall**
year	**sall**
month	**mang**
week	**hefte**
day	**rroj**
hour	**sea't; katjmêr**
minute	**deqîqe; xulek**
second	**çrke; sanye**
dawn	**berebeyan; şebeq**
sunrise	**katî rroj-hellatin;**
	rroj-hellatin
morning	**beyanî**
daytime	**be rroj**
noon/afternoon	**nîwerro**
evening	**êware**
sunset	**katî rroj-awabûn;**
	rroj-awabûn
night	**şew**
midnight	**nîwe şew**
four days before	**çwar rroj lemewpêş;**
	çwar rroj lemewber
three days before	**sê rroj lemewpêş;**
	sê rroj lemewber
the day before yesterday	**pêrê**
yesterday	**dwênê**
today	**emrro**
tomorrow	**sbeynê; beyanî**
the day after tomorrow	**dû sbey**
three days from now	**sê sbey**
four days from now	**çwar sbey**

a – father, e – man, ê – pay, u – put, û – shoot

last year	**par**
this year	**em sall**
next year	**sallî aynde;**
	sallî dahatû
last week	**heftey pêşû**
this week	**em hefteye**
next week	**heftey dahatû**
this morning	**em beyanîe**
now	**êsta**
tonight	**em şew**
yesterday morning	**dwênê beyanî**
yesterday afternoon	**dwênê nîwerro**
yesterday night	**dwênê şew**
tomorrow morning	**sbeynê beyanî**
tomorrow afternoon	**sbeynê nîwerro**
tomorrow night	**sbey şew**
in the morning	**lay beyanîyewe**
in the afternoon	**lay nîwerrowe**
in the evening	**lay êwarewe**
past	**rraburdû**
present	**katî esta**
future	**dahatû**
What date is it today?	**Berwarî emrro çende?**
	or **Tarîxî emrro**
	çende?

—Days of the week

Monday	**Dû şemme**
Tuesday	**Sê şemme**
Wednesday	**Çwar şemme**
Thursday	**Pênc şemme**
Friday	**Heynî** *or* **Cuma'**
Saturday	**Şemme**
Sunday	**Yek şemme**

c – *j*am, ç – *ch*urch, j – lei*s*ure, ş – *sh*ut, x – lo*ch*, xh – *gh*

TIME & DATES

—Months

January	**Kanunî Dûhem**
February	**Şubat**
March	**Mart; Març**
April	**Nîsan**
May	**Maîs**
June	**H'uzeyran**
July	**Temûz**
August	**Ab**
September	**Eylul**
October	**Tşrînî Yekem**
November	**Tşrînî Dûhem**
December	**Kanunî Yekem**

—Kurdish months

The names of the (solar) months used in Kurdistan correspond to the signs of the zodiac. The Kurdish year starts on March 21 – **Newroz** or New Year. The Kurdish era dates from 612 B.C.

***Behar** (Spring)*
    Xakelêw *or* **Newroz** (Aries)
    Banemerr *or* **Gullan** (Taurus)
    Cozerdan (Gemini)
***Tawistan** (Summer)*
    Pûşperr (Cancer)
    Gelawêj (Leo)
    Xermanan (Virgo)
***Xezan** (Autumn)*
    Rrezber (Libra)
    Xezellwerr *or* **Gella rrezan** (Scorpio)
    Sermaweriz (Sagittarius)
***Zistan** (Winter)*
    Befranbar (Capricorn)
    Rrêbendan (Aquarius)
    Rreşemê (Pisces)

a – father, e – man, ê – pay, u – put, û – shoot

—Islamic months

Dates are also reckoned according to the Islamic calendar, which comprises 12 lunar months. **Remezan** ("Ramadan") is the month when Muslims fast, **Zu el h'ice** is the month when Muslims traditionally go on the hajj — the pilgrimage to Mecca.

Muh'erem *(the first month)*
Sefer
Rebîa' el ewel
Rebîa' el thanî *(pronounced "Rrebîa' eth thanî")*
Cemad el ewel
Cemad el thanî
Receb
Şea'ban
Remezan
Şewal
Zu el qia'de *(pronounced "Zul qia'de")*
Zu el h'ice *(the last month, pronounced*
                                    "Zul h'ice")

—Time

What time is it?   **Sea'at çende?**
It is ... o'clock.   **Sea'at ...-e.**

---

c – *j*am, ç – *ch*urch, j – lei*s*ure, ş – *sh*ut, x – lo*ch*, xh – *gh*

32. NUMBERS

0	sifr
1	yek
2	dû
3	sê
4	cwar
5	pênc
6	şeş
7	h'ewt
8	heşt
9	no
10	de
11	yanze
12	dwanze
13	syanze
14	çwarde
15	panze
16	şanze
17	h'evde
18	heşde
19	nozde
20	bîst
21	bîst u yek
22	bîst u dû
23	bîst u sê
24	bîst u çwar
25	bîst u pênc
26	bîst u şeş
27	bîst u h'ewt
28	bîst u heşt
29	bîst u no

a – father, e – man, ê – pay, u – put, û – shoot

30	sî
31	sî u yek
32	sî u dû
33	sî u sê
34	sî u çwar
35	sî u pênc
36	sî u şêş
37	sî u h'ewt
38	sî u heşt
39	sî u no

40	çil
41	çil u yek
42	çil u dû
43	çil u sê
44	çil u çwar
45	çil u pênc
46	çil u şeş
47	çil u h'ewt
48	çil u heşt
49	çil u no

50	penca
51	penca u yek
52	penca u dû
53	penca u sê
54	penca u çwar
55	penca u pênc
56	penca u şeş
57	penca u h'ewt
58	penca u heşt
59	penca u no

60	şest
61	şest u yek

c – *j*am, ç – *ch*urch, j – lei*s*ure, ş – *sh*ut, x – lo*ch*, xh – *gh*

NUMBERS

62	şest u dû
63	şest u sê
64	şest u çwar
65	şest u pênc
66	şest u şeş
67	şest u h'ewt
68	şest u heşt
69	şest u no
70	h'afta
71	h'afta u yek
72	h'afta u dû
73	h'afta u sê
74	h'afta u çwar
75	h'afta u pênc
76	h'afta u şeş
77	h'afta u h'ewt
78	h'afta u heşt
79	h'afta u no
80	heşta
81	heşta u yek
82	heşta u dû
83	heşta u sê
84	heşta u çwar
85	heşta u pênc
86	heşta u şeş
87	heşta u h'ewt
88	heşta u heşt
89	heşta u no
90	newet
91	newet u yek
92	newet u dû
93	newet u sê

a – father, **e** – man, **ê** – pay, **u** – put, **û** – shoot

94	newet u çwar
95	newet u pênc
96	newet u şeş
97	newet u h'ewt
98	newet u heşt
99	newet u no

100	sed
200	dû sed
300	sê sed
400	çwar sed
500	pênc sed
600	şeş sed
700	h'ewt sed
800	heşt sed
900	no sed
1,000	hezar
10,000	de hezar
50,000	penca hezar
100,000	sed hezar
1,000,000	yek mlîon
10,000,000	de mlîon
1,000,000,000	yek blîon

first	yekem
second	dûhem
third	sêhem
fourth	çwarem
fifth	pêncem
sixth	şeşem
seventh	h'ewtem
eighth	heştem
ninth	nohem
tenth	deyem
twentieth	bîstem

c – *j*am, ç – *ch*urch, j – lei*s*ure, ş – *sh*ut, x – lo*ch*, xh – *gh*

NUMBERS

once	**carêk**
twice	**dû car**
three times	**sê car**
one-half	**nîwe; yek le ser dû**
one-third	**sê yek; yek le ser sê**
one-quarter	**çwar yek; yek le ser çwar**
two-thirds	**dû le ser sê**

33. VITAL VERBS

to be	**bûn**
to buy	**krrîn**
to carry	**hellgrtin**
to close	**de xistin**
to come	**hatin**
to cook	**lênan**
to die	**mrdin**
to do	**krdin**
to drink	**xwardinewe**
to drive	**lêxûrrîn**
to eat	**xwardin**
to fall	**kewtin**
to get	**wergrtin; henan; bedest henan**
to give birth	**mindall bûn**
to give	**pêdan**
to go	**çûn**
to grow	**geşe krdin**
to have	**hebûn**
to hear	**gwêgrtin**
to help	**yarmetîdan**
to hit	**lêdan**
to kill	**kûştin**
to know *someone*	**nasîn**
to know *something*	**zanîn**
to learn	**fêrbûn**
to live	**jyan**
to love	**xoşewîstin**
to make	**krdin**
to meet	**bînîn; kobûnewe**
to open	**kirdnewe**
to pick up	**hellgrtinewe; hellgrtin**

c – *j*am, ç – *ch*urch, j – lei*s*ure, ş – *sh*ut, x – lo*ch*, xh – *gh*

to read	**xwêndnewe**
to run	**rrakrdin**
to see	**bînîn**
to sell	**frroştin**
to sit	**danîştin**
to sleep	**xewtin**
to smell	**bon krdin**
to speak	**qise krdin**
to stand	**be pêwe westan**
to start	**destpê krdin**
to stop	**westan**
to take	**brdin**
to talk	**qise krdin**
to taste	**tam krdin**
to teach	**fêrbûn**
to throw	**helldan**
to wake up	**le xew hestan**
to walk	**pyase krdin; rroîstin**
to want	**wîstin**
to watch	**çawdêrî krdin**
to work	**îş krdin**
to write	**nûsîn**

a – father, e – man, ê – pay, u – put, û – shoot

34. OPPOSITES

beginning—end	**sereta—kotayî**
clean—dirty	**pak—pîs**
happy—unhappy	**dilxoş—xhemgîn**
life—death	**jyan—mrdin**
friend—enemy	**hawrrê—dujmin**
open—shut	**krawetewe—daxrawe**
wide—narrow	**pan—tesk**
high—low	**beriz—nzim**
peace—violence/war	**aştî—şerr**
silence—noise	**bêdengî—denge deng**
cheap—expensive	**herzan—gran**
hot/warm—cold/cool	**germ—sard/fênk**
health—disease	**leş saxhî— nexoşî**
well—sick	**leş saxh—nexoş**
night—day	**şew—rroj**
top—bottom	**ser—xwar**
backwards—forwards	**bopêşewe—bodwawe**
back—front	**pêş—pişt**
near—far	**nzîk—dûr**
left—right	**çep—rrast**
in—out	**nawewe—derewe**
up—down	**serewe—xwarewe**
here—there	**êre—ewê**
easy—difficult	**asan—zeh'met**
quick—slow	**xêra—hêwaş**
strong—weak	**be hêz—lawaz**
success—failure	**serkewtin—şkistî**
young—old	**genc—pîr**
new—old	**taze—kon**

---

c – *j*am, ç – *ch*urch, j – lei*s*ure, ş – *sh*ut, x – lo*ch*, xh – *gh*

question—answer	**prsyar—wellam**
safety—danger	**asûdeyî—metrsî**
true—false	**rast—helle**
truth—lie	**rastî—dro**

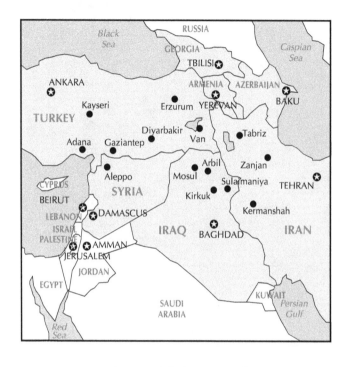

Some Kurdish place names of Iraq

Kurdistan	**Kûrdistan**
Iraq	**A'eraq**
Arbil (*or* Erbil)	**Hewlêr**
Sulaimaniya	**Slêmanî**
Kirkuk	**Kerkûk**
Mosul	**Mosul** *or* **Ninewe**

www.ingramcontent.com/pod-product-compliance
Lightning Source LLC
Jackson TN
JSHW011402130125
77033JS00023B/799

* 9 7 8 0 7 8 1 8 1 2 4 5 0 *